家庭教育艺术
JIAOYU YISHU

U0459255

高情商
孩子培养术

衡孝芬 / 编著

民主与建设出版社

© 民主与建设出版社，2019

图书在版编目（CIP）数据

高情商孩子培养术 / 衡孝芬编著. –– 北京：民主
与建设出版社, 2019.11

（家庭教育艺术）

ISBN 978-7-5139-2426-9

Ⅰ.①高… Ⅱ.①衡… Ⅲ.①情商－青少年教育－家
庭教育 Ⅳ.①G782

中国版本图书馆CIP数据核字(2019)第269534号

高情商孩子培养术

GAO QING SHANG HAI ZI PEI YANG SHU

出 版 人　李声笑
编　著　衡孝芬
责任编辑　刘树民
封面设计　三石工作室
出版发行　民主与建设出版社有限责任公司
电　话　（010）59417747 59419778
社　址　北京市海淀区西三环中路10号望海楼E座7层
邮　编　100142
印　刷　三河市天润建兴印务有限公司
版　次　2019年11月第1版
印　次　2020年1月第1次印刷
开　本　880毫米×1230毫米　1/32
印　张　30
字　数　756千字
书　号　ISBN 978-7-5139-2426-9
定　价　198.00元（全六册）

　　家庭教育通常是指在家庭生活中，由家长对其子女实施的教育。这里的家长主要是指父母，当然也包括其他家庭成员。家庭教育是父母有意识地通过自己的言传身教和家庭生活实践，对子女施以一定教育影响的社会活动。

　　人的一生中必须要接受三种教育，那就是家庭教育，学校教育和社会教育。每个孩子一出生，家庭教育就已经在无形中产生了。家庭教育是伴随其一生的教育，因此有一句话说"父母是孩子最好的老师"。想要培养孩子良好的心理素质和行为习惯，就必须经历这种不间断的教育过程。

　　苏联著名教育学家苏霍姆林斯基曾把孩子比作一块大理石，他说："把这块大理石塑造成一座雕像需要六位雕塑家：一是家庭，二是学校，三是儿童所在的集体，四是儿童本人，五是书籍，六是偶然出现的因素。"从排列顺序上看，家庭被列在首位，可以看出家庭教育在这位教育学家心中占据相当重要的地位。

　　家庭教育是一门艺术，家庭教育的好坏常常影响一个孩子的一生，一个人在未来能否取得大的成就在很大程度上取决于其家庭教育的好坏。纵观古今，一个人的发展受成长环境的影响极大，往往各个领域的优秀人才，十之八九都是受过良好家庭教育的人。

同学校教育相比，家庭教育更加具有连续性，对孩子的影响也更大。所以，要想培养出优秀的孩子，家长就必须要有正确的教育观念，合理利用一切教育资源，掌握家庭教育的艺术。

为了帮助各位父母解决家庭教育的困惑，我们特地编撰了本套丛书，包括《好性格让孩子受用终生》《正面管教孩子》《孩子为你自己读书》《听孩子说胜过对孩子说》《高情商孩子培养术》《洛克菲勒给孩子的38封信》六册书，分别讲述了作为父母如何培养孩子的独立性格、怎样提高孩子的情商、如何培养孩子的学习精神、怎样尊重孩子、如何教育孩子成才等诸多问题。这些家庭教育艺术的不同侧面，为我们培养孩子健康成长提供了全方位的借鉴和参考。

总之，本套书集针对性、指导性和实用性于一体，融汇了教育孩子的不同方法和诸多措施，是进行家庭教育的良好读本，适合不同年龄段孩子的父母学习和珍藏。

目　录

第一章

揭开情商面纱

　　情商是情绪智商的简称，是情绪、意志、性格、行为习惯组成的商数。由自我意识、控制情绪、自我激励、认知他人情绪和处理相互关系这五种特征组成。

　　最新的研究显示，一个人的成功，只有20%归诸智商，80%则取决于情商。

情商的核心和五大能力

大家应该都听过"EQ"，"EQ"指的就是"情商"。一个人成功与否，不仅取决于智商，在很大程度上，情商也发挥了重要作用。

什么是情商

所谓情商，就是指一个人把握、控制自己的情绪和处理人际关系的能力。"情商"这一概念是美国耶鲁大学心理学家彼得·塞拉维和新罕布什尔大学的约翰·梅耶于1990年首次提出的。

1960年，著名的心理学家瓦特·米歇尔在斯坦福大学的幼儿园做了一个软糖实验：他在一群四五岁的小孩面前各放了一颗糖，并告诉他们，老师出去一会儿，你们不要吃面前的软糖，如果谁能控制自己不去吃，老师就再奖励他一颗；如果谁控制不住吃了它，就没有这个奖励了。实验结果发现，有的孩子吃了，有的孩子没吃。

后来经跟踪调查发现，这些孩子长大以后，那些能控制自己不去吃糖的孩子的成就比那些没控制住吃糖的孩子要大。

这项实验告诉我们，决定一个人命运的关键因素不只是智商，也包括非智力的情绪商数。这就是情商的由来。

正如智商被用来反映传统意义上的智力一样，情商也被用来衡量一个人调控情绪的能力的高低。

情商是一种生存智能，是一种人为修养，是一种性格力量，它使一个人可以驾驭自己的情绪，协调人际关系，推动自己走上成功之路。情绪人人都有，但能够调整和控制自己的情绪却并非人人能够办到。一个人能够驾驭和控制自己的情绪，就可以在人际关系中左右逢源，借势成功。

很多人之所以失败，就是因为不能管理好自己的情绪，不能谦让容忍，方圆处世，结果处处碰壁，一事无成。可见，情商涵盖了人的自制力、热情、毅力、自我驱动力等，它可以帮助人们开发潜能，是成功人生必备的素质。

情商的核心

情商最核心的东西是情绪和情感。情绪占据了人类精神世界的核心地位，情绪的产生，是脑皮层和皮层下组织协同活动的结果，是心灵、感觉、感情或骚动，泛指任何激越或兴奋的心理状态。

人的情绪有几百种之多，传统的七情六欲说法中的"七情"是指喜、怒、哀、惧、爱、恶、欲。

我国的著名心理学家林传鼎先生把情绪分为18类：安静、喜悦、愤怒、哀怜、悲痛、忧愁、愤激、烦闷、恐惧、惊骇、恭敬、抚爱、憎恶、贪欲、嫉妒、傲慢、惭愧、耻辱。

西方有的学者认为人有7种基本情绪：愤怒、恐惧、快乐、喜爱、惊奇、厌恶、羞耻。现代心理学一般把情绪分为快乐、愤怒、悲哀和恐惧四种基本形式，并分为心境、激情和应激三种状态。这些就是情商控制的范围。

情商能力

情商水平的高低，主要体现在五个方面的能力，这些能力综合起来，就可以作为情商高低判定的标准。

（1）认识自身情绪的能力，也叫情绪觉知

它是一种直觉自知力，就是在情绪方面有自知之明，主要是一个人对自己情绪的认知能力，或者叫做自我意识。它是确定情商水平的首要基础。

所谓自我意识，就是指注意力不因外界或自身情绪的干扰而迷失、夸大或产生过度反应，反而在情绪纷扰中保持良好的心态和自省的能力。自我意识表示个体对自己身心状态的认知、体察和监控。而身心状态中，最重要的就是情绪。

我们看下面这个例子，你就会发现，情绪自知力是怎样的了。

某人在早晨上班的路上，有人从楼上泼了一盆水到他头上，他抬头没有发现人，但他心里很生气。到了公司，办公室主任对他说："今天9点钟有个会，你去开。"

没有等办公室主任说完，他就打断办公室主任的话："开会，开会，你们就知道通知我开会，文件早就说了，你们就是不听。"

主任见他生气的样子，感到很奇怪：今天这人是怎么啦？后来，总经理助理对他说："今天上午10点有一个人要见你……"

没等总经理助理说完，他又打断人家的话："见什么人，见什么人，你们老是打断我的正常工作，你们真是的。"

总经理助理也感到奇怪：今天这人怎么啦？

过了几天，办公室主任、总经理助理和这人说起这件事："你那天怎么回事儿？"这人自己并没有察觉自己的情绪有异样，实际上是因为他在路上不知道被谁泼了水，因此生了气，把气愤的情绪带到工作中来了。

古人说的"吾日三省吾身""反躬自省"，就是讲的自我认知，包括自我认知心情、情绪、情感。高情商的人，会认知自己的异常情绪，重新评估这件事，决定是否抛弃这件不愉快的事，并变为轻松的心情。

（2）妥善管理情绪的能力

管理情绪的能力也叫情绪控制力，它是控制情绪冲动、情绪波动、情绪化的能力，控制消极激情的能力。管理情绪的能力，是情商的核心。

急躁似乎同快节奏的现代生活相联系，其实这完全是两码事。急躁使人心绪不宁，头脑容易发热，情绪控制不住，其结果是经常把本来十分简单易办的事情，人为地变得复杂和难以处理。说到急躁，使人不由得想起一则民间故事：

一位性子急躁的胖大嫂，深更半夜听说母亲病得严重，连忙抱小孩回娘家看望。慌忙之中，竟错把枕头当作娃娃。

一路急急忙忙赶路，路过瓜棚底下，被瓜藤绊倒了，摔了一大跤，把抱来的枕头摔得老远。

在黑暗中乱摸一阵，摸到了一个冬瓜，不由分辨，立马抱起冬瓜就走。等天亮赶到娘家时，方知怀里抱的不是小孩而是冬瓜！

故事中，性急的胖大嫂的所作所为，有些夸大，其真实与否，我们不必细究，但它的确向人们述说了一个道理：急躁对于人们有害无益。

（3）自我激励的能力是情商的推动力

人要激励自己积极向上，而不是消沉。情商高的人是不会消沉的，他们会不断地进行自我激励。

善于运用自我激励方法激发自己的兴趣、热情、干劲和信心，摆脱消极影响，对于一个人获得成功至关重要。

（4）认识他人情绪的能力

尽管人难知，还是要知。认识他人的情绪，在知人中体现自己的情商，用自己的情商更好地知人，要揣摩、察觉他人的情绪。

当一个生人直面向自己走过来，并向你靠得很近时，人们一般会本能地退一下，因为不了解他。当一个很熟悉的人直面向自己走过来，并很近地靠过来，这时人会本能地靠拢过去，伸出手去紧握，还可能紧紧地与他拥抱。所以，认识他人的情绪至关重要。

（5）人际关系的处理能力

人际关系的处理能力主要是沟通协调能力。要不时地传递和捕捉他人的情绪和感情信号，洞察别人的内心感情，将心比心。有研究表明，沟通人与人之间的情感就是要处好人际关系，情商高的人会把人际关系处理得很好。

除了这五大能力以外，情商能力还体现在：应变能力、合作能力、协调能力、沟通能力、适应能力、乐观自信力等方面。这诸多的能力就形成了一个情商能力体系。

以上这些就是我们应该了解的情商，通过对这些内容的了解，我们可以更加了解自己的情绪，并管好自己的情绪。

孩子情商的特点和作用

人类智慧行为的心理结构十分复杂，有许许多多的因素可影响到它的功能，它虽然复杂，但仍然可以把它分为两大系统：认知性心理功能系统，即智力因素，包括感知觉、记忆、思维、想象等。

非认知性心理功能系统，它们不直接参与对客观事物的认识及处理各种内外信息等具体操作，而是对活动的起始、维持、强化、定向、引导和调节起到一定的作用。

只不过智力因素是保证人们有效地进行智力活动的心理能力，而非智力因素是保证人们有效地进行认知活动的心理条件，但是心理能力属第一位，心理条件属第二位。目前有的家长对子女的培养只重视智力因素培养而忽略了非智力因素的培养，显然这种倾向需要纠正过来。

孩子情商的特点

较高水平的情商，有助于孩子创造力的发挥，它是所有学习行为的根本。一项研究显示，要预测孩子在幼儿园、在学校表现的标准，不是看小孩子积累了多少知识，而是看其情感与社会性的发展。例如：是否具有足够的自信心、好奇心、是否知道何种行为较恰当，并能克制不当行为的冲动……这些都是情商的基本成分。一般来讲，高情商的有以下特点：

（1）自信心强

自信心是任何成功的必要条件，是情商的重要内容。自信是不论什么时候有何目标，都相信通过自己的努力，有能力和决心去达到。

（2）好奇心强

对许多事物都感兴趣，想弄个明白。自制力强：即善于控制和支配自己行动的能力，有时是善于迫使自己去完成应当完成的任务，有时是善于抑制自己不当行为的发生。

（3）人际关系良好

指能与别人友好相处，在与其他孩子相处时积极的态度和体验（如关心、喜悦、爱护等）占主导地位，而消极的态度和体验（如厌恶、破坏等）少一些。

（4）具有良好的情绪

情商高的孩子活泼开朗，对人热情、诚恳，经常保持愉快。许多研究与事实也表明良好的情绪是影响人生成就的一大原因。

（5）同情心强

指能与别人在情感上发生共鸣，这是培养爱人、爱物的基础。

情商的作用

情感智力对孩子的成长有着巨大的推动作用，但这是个复杂的问题，事先应该懂得一点有关情感神经解剖方面的知识。

科学家们提及大脑的思维部分——大脑皮层时（有时也称新大脑皮层），一般都认为与大脑的情感部分——大脑边缘部分不同。但事实上，正是两者的关系决定了情感智力。

大脑皮层是许多细胞组织的重叠，厚约3毫米，包住两个大脑半球。大脑半球控制人体的大部分基本功能，比如肌肉运动、感觉等，但却是大脑皮层赋予我们的所思所想。

大脑皮层，字面上的意思即大脑的"思想帽子"，把我们人类推上了进化阶梯的顶峰。尽管低级灵长类如猫、狗、老鼠等也有大脑皮层，也能根据经验学习、交流甚至做出决定，但与人类的大脑相比，它们的功能简直微不足道了。它们不会计划，不会抽象思维，更不会担心未来。

正因为巨大的大脑皮层是人类最重要的特征，所以与大脑其他部分相比，它受到最多的重视，最深入的研究。人受伤或生病，使医学界对大脑皮层有了最初的认识。大脑皮层有四叶，不同的脑叶受伤，产生的问题也不同。

位于脑后部的枕叶主要包含大脑的视觉神经，这里受伤，因轻重不同会导致丧失部分视觉甚至失明。位于耳后的脑叶受伤会导致长时间的失忆症。

知道了这些，我们便不难了解为什么有的孩子非常聪明，而有的孩子却是残疾。为什么有的在几何上如鱼得水，有的却拼不出单词。

尽管大脑皮层是大脑的思维部分，但它的作用还不止于此，它对理解情感智力也是不可或缺的。大脑皮层使人类对自己的感情有所知觉，使我们具备眼光，有能力分析某种感觉的来源并采取措施。

大脑的情感和思维部分在行为功能上虽不一样，但却是相互作用的。情感部分反应更快、更强烈，当人们正处于愤怒中，即使还没有断定是何种愤怒，这个部分就能提醒我们引起注意。

另一方面，大脑皮层尤其是前脑叶，能充当调节阀的作用，在人们对某个情感情况作出反应之前，先进行分析并赋予其意义。不久前，神经外科大夫还认为割去大脑皮层的一部分，可以治疗精神疾病，却没有意识到大脑的思维和情感两部分是共存的。

大脑边缘系统即通常所称的大脑的情感部分，分布于大脑半球的内层，主要调节感情和冲动。它包括进行情感学习和贮存情感记忆的海马回，还包括大脑的情感控制中心——扁桃核及其他结构。

虽然说大脑各部分有各部分的情感功能，但也只有这些部位综合起来才能决定人的情感智力，我们可以举个例子来说明这一点。一天晚上，你正准备上床，忽然门铃响起，你的肾上腺素会突然大量增加，刺激扁桃核注意可能有危险。

你非常警惕地开了门，发现你最崇拜的影星（作家、政治家、体育明星）正站在门外，告诉你他的车抛了锚，请求帮助。是让你认出站在你面前、使你无比兴奋的人物，然后触发扁桃核产生相应的惊奇、兴奋、敬畏，甚至一种渴望。

这时你的大脑皮层就会提醒你，你崇拜的对象有自己的名字，有来这儿的特定原因，并不是来看望你的。也还是大脑皮层让你不说蠢话，考虑到未来，大脑皮层提出了一个主意，请他答应合拍一张照片吧。

实际上，神经系统与情感智力相联系的部分是最为有趣，也是最微妙的，它通过生物化学方式将情感传送到身体各个部位。该领域的研究已经取得了一些突破性进展。

过去十几年中，科学家们已能鉴别出氨基酸家族成员——神经肽，他们认为它就是与情感相关的生化物质。

神经肽一般是贮存在大脑的情感部位，人产生情感时，它便被输送到身体各个部位，告诉身体如何反应。每当人作出情感反应时，大脑都要向受体传送一些化学物质，再由各受体传遍全身。

情商比智商更重要

智商，即人的智力发展水平，通常用智力商数来表示。智商反映了一个人的观察力、记忆力、思维力、想象力、创造力等。情商，即认识管理自己情绪和处理人际关系的能力，通常用情绪商数来表示。情商涵盖了一个人的自制力、热情、毅力、自我驱动力等。

智商是前提，情商是保证，两者的关系相辅相成，缺一不可；两者相比，情商比智商更为重要。弘扬个性，发展能力是素质教育的目标，但这一切都源于心理素质的提高。

为此，家长应善于提高孩子的情商水平，使孩子树立良好的价值观及人生观，以增强其心理适应能力。

培养情商应从小开始

简明而言，情商主要是指人在情绪、情感、意志、耐受挫折等方面的品质，即指一个人控制情绪，管理情绪的能力。美国心理学家认为，情商主要包括以下几个方面的内容：

（1）认识自身的情绪，只有认识自己，才能成为自己生活的主宰。

（2）能妥善管理自己的情绪，即能调控自己。

（3）自我激励，它能够使人走出生命中的低潮，重新出发。

（4）认知他人的情绪，这是与他人正常交往，实现顺利沟通的基础。

（5）人际关系的管理，即领导和管理能力。

心理学家们还认为，一个人是否具有较高的情商，和童年时期的教育培养有着密切的关系。

一般来说，情商形成于婴幼儿时期，成型于儿童和青少年阶段，它主要是在后天的人际互动中培养起来的。青春期是一个人的黄金时代，因为这是一个人走向成人的一个过渡时期。在这个时期，其学习和发展任务是非常重要的。

但是，中学生由于面临着生理上、心理上的急剧变化，还有学业上的巨大的压力，这些，都会使现代中学生造成心理失衡和复杂的心理矛盾，甚至产生种种不良的后果。

据一份22个城市的调查报告显示，实际上我国中学生中有各种心理问题者达15%至20%，表现形式以亲子矛盾、伙伴关系紧张、厌学和学习困难、考试焦虑等现象为多。

这些问题的发生大多与学生的自我控制能力有关，多是源于其心中时常涌出的各种非理性情绪。因此，培养情商应从小开始。

情商重于智商

以往认为，一个人能否在一生中取得成就，智力水平是第一重要的，即智商越高，取得成就的可能性就越大。但现在心理学家普遍认为，情商水平的高低对一个人能否取得成功有着重大的影响作用，甚至其作用要超过智力水平。

在人们对智商和情商研究中，得到两个数字，一个人的成功，智商占20%，情商占80%。智商与情商巨大的差别，给人们一个印象，既然情商那么重要，我们就专门培养情商。

而事实上，真正成功的人，他们又是智商和情商结合的典范，这又是为什么？单纯的高智商不一定成功，单纯的高情商也不一定成功，但是高情商和高智商的结合一定会成功，这又是什么道理呢？情商现在对人们来说已不是一个陌生的概念，对于情商，微软公司副总裁李开复博士更多地谈到要善于与人交流，富有自觉心和同理心。

自觉心就是常说的"有自知之明"，对自己的素质、潜能、特长、缺陷、经验等有一个清醒的认识，对自己在社会工作生活中可能扮演的角色有一个明确的定位。

而同理心，就是将心比心。那么情商意味着：有足够的勇气面对可以克服的挑战，有足够的度量接受不可克服的挑战，有足够的智慧来分辨两者的不同。认清自己该做些什么，以及对自己的行为负责。家庭教育应抓住教育契机，提升孩子的情商因素。

因为人的情商因素性格、意志、情感、社交与智商因素记忆、观察、想象、思考、判断，存在着既对应又交叉的影响力。情商因素就像太阳光的赤橙黄绿青蓝紫，智商因素就像禾苗的氢氧氮磷钾氯氨。

反映在人的成长过程中，如果没有良好的性格、意志、情感、社交的修养和能力，想有良好的记忆、观察、想象、思考和判断的能力是不可能的。离开了情商因素，智商因素就成了无源之水。

提高情商的方法

为提高孩子的情商，心理学家提出了以下建议：

（1）经常表达爱意

身体接触和眼神交流都有助于提高孩子的情绪智力。在玩耍、吃饭和交谈当中经常表达出爱意，可以培养孩子的健康情绪。

（2）帮助表达情感

帮助孩子了解和认识各种情绪表达也很重要。很多时候孩子是因为不懂得如何控制情感才表现为愤怒。

（3）引导自主决定

独立是情商中最重要的方面，只有让他们从小学会自己拿主意，才能培养出独立的性格。

（4）帮助控制情绪

允许孩子说出自己的愤怒，而不是告诫他们"不要生气"。此外，询问他们生气的原因，对帮助他们控制情绪也很重要。切记不要在孩子愤怒时试图压抑他们的情绪。

（5）肯定取得成绩。

对孩子的智力永远要予以肯定，避免贬低他们的作为，否则会让孩子对失败失去接受能力。当孩子遇到挫折时教会他们积极应对和克服负面情绪。

（6）不要过分溺爱

避免说"这事你干不了，我来替你吧"这样的话，这会伤害孩子的自信心，失去对自身的安全感。

孩子作为一个发展性的个体来到世界上，他所要求的发展应该是合理的、全方位的，而不是畸形的、单一的。在发展孩子智商的同时，更应该注意孩子情商的发展，这样才能塑造出一个对家庭，对社会有用的现代社会型人才。

人与人之间的情商并无明显的先天差别，更多与后天的培养息息相关。一个情商高的孩子，懂得自动自发，自动做事、自动读书、自动做功课，因此，就算他们的智商不比别人高，但成绩也可以比别人好。所以说，情商的价值是无量的。

智商与情商并不是对立和相反的。他们之间具有密切联系，甚至是相互渗透的。我们既找不到脱离智商的情商的存在，也找不到脱离情商的单纯的智商的存在。

智商诚贵，情商更高

智商是取胜的法宝，这很容易让人认为，只要智商高，事业就一定能成功，就一定能取胜。其实，这是一个误区。智商虽然是成功的极为重要的因素，但影响一个人一生的，更多的是性格、世界观、价值观，以及耐心、信心、毅力、情绪、情感等品质。

智商认识的误区

有"智"者，事竟成，但仅有智商还不能完全取胜，要想持续地获得成功，还必须有情商的强大支持。只有"有情"者，才能取得更大的成功。

这里所说的"情"指的是人的情商，这是人的非智力因素，情商高给智商不太高的人展现了成功的希望，开启了成功的又一扇希望之门。因为在智商外多了个情商，所以成功可以另辟蹊径。

20世纪20年代，美国有心理学家对1528名智商在151分以上的智力超常的儿童进行了跟踪研究，其中只有一小部分成就很大，大部分智商高者都普普通通，没有什么大的作为。

我国也有一些学校办了一些"神童"班，20多年过去了，有不少"神童"并没有像人们想象的那样长大后很有出息。"神童"们的发展，也出现了两极分化，他们中也有卓越者也有平庸者。

美国科学家分析了"神童"中的卓越者与平庸者的区别，发现他们的智商都非常高，没有太大的差别，但在完成任务的坚毅精神、自信而有进取心、谨慎及好胜心等四个方面，成就很大的"神童"明显超出成就平平的"神童"。

不少"神童"虽然智力超群，但他们在自理能力、人际关系、承受压力、个人性格等方面可能存在一些弱点，这些弱点就成为他们成功路上的绊脚石。

美国有研究者曾经对95名哈佛毕业生进行追踪，结果发现，那些大学生里考试成绩最高者，在以后的收入、成就、行业地位等方面并不一定都比成绩低的人更好；同时，在生活满意度、友情、家庭，以及爱情上也不见得都更理想。

一部分高智商的学生有他们的另一面：有的学生虽然也很聪明，但性格孤僻、怪异、不易合作；自卑、脆弱，不能面对挫折；急躁、固执、自负，情绪不稳定；冷漠、易怒、神经质，难与周围人沟通；以自我为中心，什么都只是以我这中心，不考虑他人，不顾及他人，不关心他人，只要人家围着自己转。

一个大学本科生所学的知识，真正能应用到实际工作中的只有5%~10%。在一家企业、一个单位，领导、同事和个人自己，已经很少提及当年读书的学校、专业和成绩，更多的是看重你的现实表现，而当年读书的学校、专业和成绩是基础，也是为现实表现服务的。

例如，美国有位记者，后来改行专门研究企业管理。一次同学会时，他发现当时在班上成绩平平的同学后来反而很多获得了成功，而当时成绩好、智商高的同学，后来不少人成就平平。他又让人了解其他班级的情况，也是如此。

他认为，智力水平高低不是成才的决定性因素。他得出了这样的结论：一个人成功的要素中，智商只占到20%，而80%是心态和心情，是情绪和情感。

情商的重要作用

情商是一个特别重要的原因。也就是说，智商再高，情商不高，不一定能成功，不一定能持续地成功；智商不太高，但情商较高，很有可能成功。

1995年，美国哈佛大学教授丹尼尔·戈尔曼在他的《情绪智力》一书中，提出了一个让人不得不承认而又令人十分担忧的全球化的普遍趋势：现代儿童比较孤单、忧郁、易怒、任性，容易紧张、焦虑、冲动及好斗。

这种现象和趋势当然使人们震惊，受到人们的高度关注，人们越来越认为情商对成功和取胜的作用超过了智商。《情绪智力》还指出，真正决定一个人成功与否的关键，是情商能力而不是智商能力。

英国的比尔·里卡多认为："在许多情况下，非智力因素的作用比智力因素的作用更重要，人的成功80%是情商的作用，智商只有20%的作用。"

高情商的秘密武器

情商高的人，会很受大家喜爱，人们愿意与之成为朋友。因此，情商高的人在挖掘人脉方面，有着自己的独到之处。

美国前国务卿丹尼尔·韦布斯特就是一位将人际关系处理得比较好的人。他长得一表人才、相貌堂堂，并常以温和的声音表达自己的意见，以致每次双方协调后，总能维持他原来的主张。

不论这场争辩如何激烈，他从不怒气冲天地辩论，他总是面带笑容，以极其友善的口吻说出自己的见解。由此，他获得了罕见的成功。一个人的成功主要靠两条：一是个人努力做出成绩，二是得到周围人和社会的认可。但是，要想得到周围人和社会的认可并非易事，这要求你有良好的人际关系，只有如此，你才会得到众人的支持和拥戴。

而良好的人际关系只有高情商者才能得到。情商是处理人际关系的智慧，有利于个人获得他人支持。

高情商可以使人在人际关系中，识别他人情绪，与人为善，热情幽默，方圆处世，培育亲密关系，能有效处理自己与他人的关系，从而赢得社会竞争的优势。

反之，情商低，情绪失控，任性妄为，意气行事，冲动鲁莽，对人冷漠，计较恩恩怨怨等，必将会导致你在社会生活中处处碰壁，举步维艰。那么，如何建立良好的人际关系呢？

人际关系和谐有两个方面：对己和谐与对人和谐。人际关系摩擦，往往是一个人内心中混乱、挫折、怀疑的结果。因此，只有对己和谐，才能对人和谐。宽容他人、善待他人，不是责任，而是增进自己的健康与快乐的有效法则。

信任

信任是人生的无形资源，信任有三个层面：第一是认识信任，第二是感情信任，第三是行动信任。人与人之间的基础在信任，家庭成员之间，主要靠信任，没有信任就没有幸福和快乐可言；在职场上，上下级之间靠信任，丧失信任就丧失了职场发展舞台；在商场上，合作主要靠信任，没有信任就没有合作。

尊重

人与人之间，最重要的是尊重。尊重是相互的，你只有首先尊重别人，才可能得到别人的尊重。为此，我们在遇到朋友、同事时，要主动和别人打招呼。主动向别人打招呼是对别人的尊重，向对方发出的信号是"我心里有你"。

一位成功学家说："如果你把每个人都看成天使，那你自己也是天使；如果你把每个人都看成魔鬼，那你自己也是魔鬼。"

沟通

人际关系中，最重要的是沟通，只有沟通才能理解他人，理解是建立良好人际关系的基础。沟通是心与心的交流，可以说，沟通的品质决定人际关系的品质。

（1）观点沟通

观点不一致，就难以建立和谐的关系，观点沟通，就是对某个人、某件事的看法相互进行交流。在诸多沟通内容中，观点沟通至关重要，观点的分歧，是最大的分歧；只有观点一致，才能行动一致。

（2）工作沟通

工作沟通是双方观点沟通的载体。工作沟通，主要是指工作情况交流、重大问题的讨论等方面。紧急情况要及时沟通，意见不一致时要反复沟通。

（3）信息沟通

信息沟通可开阔视野。信息沟通是多方面的，政治的、经济的、文化的甚至家庭的等，沟通达到信息对称，只有信息对称，才能统一认识。

（4）感情沟通

感情沟通很重要，人与人之间不能貌合神离，一定要推心置腹。朋友之间只有情感深，才不会生疑。只有建立感情，才算真心赢得朋友，才会得到朋友的支持和帮助。感情上的融洽，必然促进工作上的合作，从而建立起和谐的人际关系。

人与人之间要有效沟通，必须做到认识同步、情绪同步、生理状况同步、语调同步、语言文字同步等。同时，要注意倾听，沟通不仅是说，更重要的是学会倾听，听出语言背后的含意，这样才能取得比较好的效果。

赞美

美国著名成功学家、人际关系专家戴尔·卡耐基说过："渴求他人的注意，并希望他人感到自己重要，这也许是人性的一大特征。"

因此，要满足他人的愿望，你只要学会一点：真诚地赞美他人。我们目睹一个善于赞美子女的母亲是怎样创造出一个完美快乐的家庭，一个善于赞美下属的领导是怎样创造出团结和谐的团队，我们就会由衷地感受到赞美的威力了。学会真诚地赞美他人，这是处理人际关系很重要的技巧。

　　张先生和李先生在同一间办公室工作，但李先生好妒忌，表现高傲，有时还在背后讲张先生一些坏话。

　　张先生找到领导说："我真受不了啦，请你向李先生说，他要改改自己的坏脾气，他再那么傲气，没有人会愿意理他。"领导答应做做李先生的工作。

　　过了一段时间，李先生遇到张先生时，李先生既热情又有礼貌，与以前相比，简直判若两人。张先生找到领导表示感谢，并问领导是如何对李先生做的工作。

领导说："我告诉李先生，有很多人称赞你，尤其是张先生，他说你工作出色，人缘好，很想与你做个朋友……"

这个故事告诉我们，赞美能产生一种无形的力量，能有效地缩短人与人之间的距离，消除人际关系的鸿沟，有助于推动人际关系向健康的方向发展。

赞美不是阿谀奉承。如果你的赞美毫无根据、空泛，或者含糊其词，说一些"你很能干""你是个好领导"等空话，可能让对方认为你是一个溜须拍马的人，甚至产生不信任感。

相反，赞美时，你应从某个具体事件入手，用语越具体，说明你对他越了解，对他的长处越重视。如某人学习出色，你在赞美表扬时，指出他出色在什么地方，让对方感到真挚、亲切和可信。

人人喜欢被赞美，但并不是所有赞美话都会让对方高兴。如一个长相一般的男士，你说他"太帅了"，对方可能会认为你讲的是违心话。如果你从他的穿着、谈吐方面加以赞美，他则会真诚地接受。因此，赞美别人时，一定要基于事实，用发自内心的真情赞美，这样才能得到好的效果。

一个人总有自己得意的事，希望得到别人的肯定和认同。有的人身上带着自己小孩的照片，有时拿出来向朋友介绍；有的人最近做成一大笔生意，签下了一个大订单，向同事进行讲述，等等。这时，你如果适当赞美，对方一定十分高兴。

对朋友孩子的赞美，说"这孩子看起来真机灵！"或者说"这孩子真漂亮！"都会让朋友心花怒放的。对同事的订单，你表现出一副惊讶又敬佩的神情说："乖乖，不得了，这么大的订单太难得了。"对方听到这样的话，也会打心眼里感到高兴的。

每个人每天都在发生变化，赞美时要及时指出这种变化，不仅能增加亲切感，而且对调动别人的积极性效果颇佳。如最近小王的学习进步很快，你应及时具体指出他进步的地方，鼓励他再接再厉。

幽默

幽默是人类智慧的一种境界，是一种人际沟通行为，能促进人际互动，增进友谊和亲密感，创造一种和谐的气氛，给他人带来欢乐。

一个说话幽默风趣的人，当然比一个木讷呆板的人受大家欢迎。这种能力除了个别人有天赋之外，更多的是通过平时积累、广泛读书、培养兴趣爱好而形成的。一个人具备了这种能力，在各种交往中很容易找到共同感兴趣的话题，有利于拉近人与人之间的关系。

在生活中，我们每个人都可能有大大小小的烦恼，这些烦恼往往使我们的心理失去平衡，满腹牢骚、闷闷不乐或大发雷霆，此时，我们最需要一种振奋人心的力量，那就是幽默。幽默是人际关系的一种"润滑剂"，可以创造人际交融的美好境界。

古希腊哲学家苏格拉底的妻子脾气暴躁。一天因小事不快，向苏格拉底大发脾气，大骂了一顿，紧接着，又提了一桶水，把他从上到下浇了个透。

这时，朋友们认为苏格拉底一定会大发雷霆，但他却笑着说："我就知道，打过雷之后，一定会下一场倾盆大雨。"

大家听了哈哈大笑，一场难堪被巧妙化解。苏格拉底的妻子也被逗笑了。

豁达、乐观的态度，是人生的最高境界。在家庭生活和人与人的关系中，如果我们多一点幽默，将会带来很多欢乐。

服务

什么是第一等的学问？北宋哲学家程颐认为，"遇到事情肯替别人着想，这是第一等的学问"。这句朴实的话，道出了一个深刻的哲理，而且也明确了做人的第一要素。

道德的核心在于利他。遇到事情肯替别人着想，不单是一种仁爱，而且是一种境界。

人作为社会的一分子，无论你做什么都离不开别人的帮助。你无私地帮助他人，肯替别人着想，并不希望得到等价的回报，然而人的善行就像播种，总能看到收获的。服务于他人，你才有价值；如果不服务于他人，那你对他人就无价值，那样你的价值就等于零。

一个真正有成就的人，一定是一个懂得服务他人之道的人。要处理好人际关系，就要主动关心别人，了解别人的需求。只有了解了别人的需求，才能满足别人的需求。

牢牢掌握情商的开关

你善于控制情绪吗？你会不会因为受到一点点批评就怒火中烧

呢？对我们每一个人而言，理性地管控自己的情绪异常重要，不难想象，一个连自己的情绪都无法控制的人怎么能取得成功？

控制情绪是开发情商的基础，不善于控制情绪，遇到困难就叫、遇到好事就笑、遇到小事就跳，是情商低的表现，也是缺乏修养的表现，这类人是难成大事的。

情绪是一种精神力量，它可以是正面的，也可以是负面的，我们一定要用正面情绪来控制自己。学会控制自己，就找到了通向成功之门的钥匙。

缺乏自我控制能力的人必须明白，你生活在社会中，为了更好地适应社会，取得成功，就有必要控制自己的情绪和情感，与人为善，绝不能肆意妄为，一定要理智地、客观地处理所有问题。只有这样，你才能够使自己的情绪有力地促进自己未来成功目标的实现。

要想管控情绪，首先要了解情绪的表现形式，大体而言，人的情绪有本能流露、智慧抒发两种表现方式。

本能流露

所谓情绪的本能流露，就是指不加控制地随性而为。随便地发脾气，既害人又害己。如果一个人本能地流露出负面情绪，就说明他有了人格病症。

如果你意识到自己处于情绪激动的状态时，那么你最好紧闭嘴巴，以免变得更加愤怒。许多人因为过分愤怒、悲伤往往会引发一些突发的疾病或为疾病种下祸根，正所谓"气大伤身"。

只有理智、快乐、美满的情绪，才会提高人生的价值。一个人一旦有了理智、健康的情绪，那么他的言行举止就会充满阳光和活力。

智慧抒发

世界上没有一个人是天生的好脾气，没有任何人有那种不需要注意和控制得好脾气。要想处世圆通，建立良好的人际关系，就一定要驾驭情绪，智慧地抒发不良情绪。

研究表明，一个人的情绪无论多么复杂，通过科学的方法，都是可以控制的。

（1）反省自身

当你被负面情绪折磨时，你可以反问自己：现在是什么情绪？是什么感受？这种感受是有益或是有害？我能改变吗？经过一系列的反问，本能情绪下降，理智情绪上升，明白负面情绪有害无益，思想情绪就会随之改变。

（2）用正面情绪控制自己

你一定要用正面情绪来控制自己。慢慢学习控制自己，就会树立起正面情绪。

（3）相信自己能够控制情绪

我们要树立信心，要相信情绪是可以控制的。控制冲动情绪的有效方法，就是回忆过去的经验教训，并针对现状制定相应的策略。

（4）延迟情绪爆发的时间

因为时间真的会改变一切。当你在情绪即将爆发的时候，深呼吸，数20个数字之后再爆发，或许你就没刚开始那么激动了。

（5）情绪的好坏取决于自己

一件事究竟是快乐还是痛苦，关键是自己保持什么样的心态，用什么样的眼光去看待。你认为是积极的，它就会给你带来积极的影响；你认为是消极的，它就会把光明赶走，使你陷入黑暗的深渊。

（6）用积极思维指导自己的行动

人的行为取决于其思维。思维可分为积极思维和消极思维，积极思维带来积极的结果，消极思维带来消极的结果。我们要控制情绪、冲动，就要用积极思维来指导自己的行动，最后才会实现自己的目标。

强者是让思想控制情绪，而弱者是让情绪控制思想。控制情绪就控制了命运。从今天起，我们要学会控制情绪，让每天每时每刻都充满着幸福和快乐。

情商高者天高地阔

21世纪什么最重要？人才！一个人要成为人才，那么他就必须具备一些成为人才的品质。其中，情商和智商的发展水平是衡量人才的重要指标。

未来的社会是高速发展的社会，人们将面临更快节奏的生活，高频率、高负荷的工作和复杂的人际关系，越来越激烈的竞争，人们的心理压力会越来越大，加上天灾人祸，还有纷繁复杂的社会，只有高智商显然已力不从心。

人们还必须有高情商，才能适应社会，应对自如；才能自我管理，自我调节，避免盲目冲动，摆脱忧郁焦虑；才能百折不挠，走出困境，获得成功。

家长们都"盼子成龙、望女成凤"，非常关切孩子们的智力发育，注重提高他们的智商，努力使孩子学业有成，这是无可厚非的。与此同时，家长们还要特别注意孩子的情绪和情感，注重情商的提高。或许看了下面的分析，我们就会明白情商高的人才会适应社会发展的需要。

2003年圣诞节休假，当时的微软全球副总裁李开复从美国西雅图飞到北京，应邀为北航、北邮和清华三所高校的大学生发表了题为"树立什么样的人才观"的演讲。

李开复说，大家认为，在高新技术企业，领导的智商很重要，但实际上，情商的重要性超过了智商。

美国一家很有名的研究机构调查了188个公司，测试了每个公司的高级主管的智商和情商与工作表现之间的联系。结果发现，情商的影响力是智商的9倍。智商低一点儿的人如果拥有更高的情商指数，也一样能成功。

情商在现代化管理中是非常重要的手段和方法，也是一种艺术，特别是对人力资源的管理而言。有一句流行语说"智商使人得以录用，情商则决定人能否晋升"。

对人的管理与对物的管理是根本不同的。人有生物属性，更有社会属性，人是有感情的高级动物。

有不少管理者，往往用对物的管理的思维、方法和手段来管人，结果容易出事，甚至出大事。对人的管理，更多地要刚柔相济，以柔为主；要把对人的管理、制度管理和"无为而治"结合起来，无限趋近于"无为而治"的管理境界。

在人力资源的配置上，智商高、情商略低的人，一般培养他从事技术工作；情商高、智商略低一点的人，可安排从事公关、营销、办公室工作；双高的人，即智商和情商都高的人，从事管理工作、中高级领导工作；双低的人，即智商和情商都低的人，要加强培训，全面提高他们的智商和情商；实在不行，只有不用。

总而言之，情商是主宰人生的心灵之泉，是人生制胜的利剑，是成功人士的赞歌，是生命绚丽的翅膀，是走向辉煌的通行证。

智商和情商缺一不可

综观古今，大凡成就一番事业者，不但智商高人一筹，而且情商也超乎寻常。情商不仅影响个人的健康、情感、人际关系等，而且可以让智商发挥更大的效应。

想成大事者，不仅要才智过人，历练情商也非常重要。许多格言警句都告诫人们要历练情商，要有较好的自我控制力、驱动力。唯有如此，才能顺应时代的潮流，成为有用之才，成为时代的佼佼者。

情商是另一种智慧形式，而倾注感情、充满爱心使智商的提高更有效。在研究和教学中，把智商和情商分得很清楚。但是，在实际生活和学习等活动中，智商与情商是可以结合的，在一个人身上是可以得到统一的。

虽然，人们普遍认为情商是一种非智力因素，好像与智商不搭界；其实，二者也不一定就是那么泾渭分明，智商与情商的关系要用辩证的哲学思维来看。

智商和情商是天平上的两个砝码，缺少了任何一个砝码，天平就倾斜了，所以既找不到完全脱离智力的情商，也找不到与情商没有任何联系的智力。

英国有一位记者问著名戏剧家萧伯纳：你成功的秘诀是什么，是你很有钱，是你很努力工作，还是你很有天分？萧伯纳的回答是：你能告诉我，你要想让一辆自行车往前走，它的哪一个轮子最重要？

同样的道理，智商和情商就相当于一辆自行车的两个轮子，它们互相依存，缺一不可。

事实上，情感是不可能完全脱离理智而单独存在的，情感是有智力因素的。智商和情商，不仅仅是不可或缺的平行的关系，其实，它们还有包含关系和相互的渗透关系。智商与情商之间你中有我，我中有你。

联合国教科文组织在"21世纪全球计划"中明确指出，智力除了基本智商还包含了更多能力，其中就包含了情感智商。这种统一、包含、渗透，可以体现在一个活动中，也可以体现在一个人的身上。

许多伟人，他们在智商与情商的结合统一方面几乎是完美的。周恩来是一个特别聪明的人，智商很高；他的情商也很高，他是一个感情世界特别丰富的人，是一个控制自己情绪、驾驭他人的情绪特别好的人。中国人民深深地爱戴他，在全世界他也享有非常高的声誉。

在国内，他用他的智慧和情商与老一代领导人一起建立了新中国，取得了伟大的成就。在国际上，他用他的智慧和情商既维护了国家的尊严，也打开了国际局面，奠定了新中国外交的基础和格局，为"我们的朋友遍天下"做出了突出的贡献。

据说，在20世纪50年代的一次国际会议上，有位西方记者问周恩来："请问，中国人民银行有多少资金？"

这个记者实质上的目的是讥笑中国贫穷，这是一种挑衅的提问。这个问题很难回答。说多了，我们并没有那么多，在国际场合说谎是不可能的，因为谎言一旦被揭穿，会造成很严重的国际影响；实事求是地说，我们的资金的确太少，那样，就中了外国记者的圈套了，他们就会在媒体上发布中国贫困的言论。

但周恩来幽默地回答："中国人民银行的资金嘛，有18元8角8分。"此话一出，语惊四座。全体与会者为之愕然，场内鸦雀无声，静听周恩来做解释。

当时的人民币有10元、5元、2元、1元、5角、2角、1角、5分、2分、1分，加起来就是18元8角8分。

周恩来说明了这些话以后，话锋一转，说道："中国人民银行是中国人民当家作主的金融机构，有全国人民做后盾，信用卓著，实力雄厚，它所发行的货币，是世界上最有信誉的一种货币，在国际上享有盛誉。"

周总理的话，赢得了场内听众热烈的掌声。周总理用他的智慧，非常巧妙地用18元8角8分制造了一个悬念，引起了大家的好奇心，然后再解释，让人产生一种恍然大悟之感。他这样做的好处是，没有直接地去批驳别人，让别人容易接受。

据说还有一次，在国际交往中，有人挑衅性地问周恩来："总理先生，听说在你们中国有很多马路，我要请教一下，中国的马路是不是马走的路啊？"

这分明是挑衅性的问题，周恩来非常礼貌地说："我们中国确实有很多马路，我们走的是马克思主义之路。"

周恩来的回答非常机智、巧妙，话语中闪烁着智慧的光芒，既没有直接伤害他人，也明确地表明了自己的立场，幽默而又含蓄地反驳了挑衅者，他把智商和情商完美地结合起来了。

智商情商"好伙伴"

情商并不是智商的反义词，也不是智商的对立面。不能认为，智商高情商就一定低，而情商高智商就一定不高，它们之间没有此消彼长的必然性。情商和智商不是相互抵制的，高情商者可能具有高智商，低智商者也可能是低情商。事实上，智商和情商还存在着某种程度的相关性。

智商高而情商特低，或者情商高而智商特低的人，在生活中是很少见的。虽然说智商和情商反映的内容不同，但对个人来说，无论哪一方面存在较大的缺陷，事业都是很难成功的。

例如，在2005年举行的第十届全国"华罗庚杯"少年数学邀请赛上，几个带队的教练都表示，要想在这样的比赛中胜出，仅仅数学好还不行，还要语文好；只有智商高也不行，还得智商情商兼备。

人人都知道比尔·盖茨特别聪明，他的微软公司是一个奇迹，他本人是一个奇迹，他是世界一流的智商天才。

比尔·盖茨在小学六年级的时候，整日躲在他的卧室里面不出来。

母亲拿起电话问他："你在做什么？"

"我在思考。"盖茨在电话里大喊。

"你在思考？"

"是的，我在思考。"盖茨大声说，"你从来没有试着思考过吗？"

进入中学不久，他与同伴艾伦一起迷上了一台笨拙的计算机终端机。八年级时，盖茨写出了他的第一个软件程序。十年级时，他和艾伦一起建立了"编程小组"，为当地公司开发软件。

1975年，他和艾伦树起了微软的大旗，直到今天这么成功、这么辉煌。

比尔·盖茨的成功源于他杰出的智商。他的脑袋简直就是一台或若干台高速运转的计算机。他加工提炼信息的能力实在惊人，也许他的思维就是数字化的：没有脆弱的感情，没有含混的模拟状态，只有智能，只有数十亿的二进位脉冲，冷静地将输入转化成正确的答案。

作为智商天才，比尔·盖茨的情商也很高，而且他把情商与智商很好地结合了起来。

有人问他："盖茨先生，如果让你离开现在的微软，你能再造一个微软吗？"

盖茨肯定地回答："可以，但要让我带走微软的100个人。"他并没有说要带走厂房、机器，多少台电脑，而是特别重视人，这是他高明的智商，带走高层次的人才，再通过高层次的人才去再造一个微软。

从他特别重视人、重视人的作用来看，他不是那种见物不见人的管理者，这是他情商高的重要体现。他把智商和情商有机地统一了起来。

进入21世纪，比尔·盖茨又把微软CEO的宝座拱手让给长期的伙伴史蒂夫·巴尔默，自己仅保留董事局主席一职，同时出任"首席软件设计师"。

盖茨在微软财富空前膨胀的时候放弃这一最有权力的位置令人不可思议，但这就是高智商的表现，他很好地运用了"例外原则"，他具有真诚的合作态度和主人翁精神，这又是高情商的表现。

比尔·盖茨善于把情感效应转化为经济效益。在管理中，他提出了"他享受一切"的口号，在公司的管理上特别有人情味。他的公司总部看起来像一个大学生运动场，里面尽是花园、飞瀑，星期天职员在这里打垒球，到健身房锻炼，或者去看电影、听音乐会。

员工穿的上衣上印有盖茨的口号："你们的同事是你最好的朋友。"这种人情味很浓的管理，是在管理上高智商和高情商的高度统一。

比尔·盖茨具有高度的社会责任感。2005年，比尔·盖茨宣布，他的个人财产除很少一点留给子女外，其余的都捐献给社会，可以说，这就是"他享受一切"的口号的最大的体现。仔细想一下，这既是一种高智商，也是一种高情商。

由此可见，智商和情商的发展是相得益彰的，智商高可以促进情商的发展，情商高可以帮助智商的提高。

　　智商不高的人或者智商很低的人，不可能发挥出情商，情商的很多东西也就谈不上，因为其没有办法与人进行正常的沟通交流，不理解人家的情绪情感，与别人情感的互通就会受到阻碍。

　　一个人如果太情绪化，走极端、好偏激，经常不能控制情绪，好感情用事，其思维也会经常进入死胡同，就会钻牛角尖。

　　所以，情绪的控制，有待智慧的提升。一个人如果不能调动自己的积极情绪，没有激情，什么都无所谓，他的智商才能也不可能得到充分的发挥。所以，智慧的降临，依靠修身养性。

可互动的两种能力

　　茫茫人海，芸芸众生，每个人都是由智商和情商两者组成的综合体。但是，不同的人，智商和情商的高低各不相同，有的人智商高，但情商不高，有的人情商高，但智商不高。相当多的人也都有自身智商和情商的"长板"和"短板"。

　　一个木桶，装水的多少不是由最长的那一块或几块木板决定的，而主要是由最短的那块木板决定的。对智商与情商而言，可以通过多种测试和实践进行检验，找到自己智商和情商的"短板"所在，并努力分析造成这些"短板"的原因。然后，要想办法把自己的"短板"变长，并把智商和情商很好地结合起来，相互补充，做到"互补为长"，全面发展。

　　大多数人的智商与情商都处于一般水平。在一个人身上，智商或情商某一方面不是太高，通过一定的训练要大幅度地提高也是有一定的难度的，或者是需要一个过程的，因为不同的人存在个体差异。这时，就要用互补的方法来将"短"变"长"。

人员配置要合理

在一个团队里，不能都配备高智商的人，也不能都配备高情商的人；同一类型的人在一个团队里，往往不是最佳的人力资源组合，反而常常出事。

在一个团队中，有一些人是高智商、情商略低，就要配备一些高情商、智商略低的人，当然还要配备一些双高的人。二者互补，大好局面才会出现。

位置摆放要合理

"互补为长"的另一个重要方法，就是按需要把智商或情商与不同的岗位相结合。每个人只有在真正适合自己的岗位上，才能充分发挥自己的才能，才能把高智商和高情商的潜能最大限度地发挥出来。

达尔文在小的时候，他的父母坚持要他学医，但他却对昆虫感兴趣，父母都很不理解。如果达尔文最终走上的是医学道路，他也许可以成为一名好医生，但在进化论方面的高智商不会发挥得这么淋漓尽致。

泰戈尔年轻时曾有过发明创造的梦想，但结果使他很失望，后来他致力于文学创作，一展宏图，非常成功。

别林斯基大学时写过诗，一度又想当演员，可他没有演戏天分。后来，他发现自己有一种识别天才的非凡才能，便写文章评论果戈理、普希金等人的作品，终于成了伟大的文艺理论家。

珍妮·古多尔认识到自己没有过人的才智，但却有超人的毅力，所以，她没有去攻读数学、物理学，而是走进非洲森林考察黑猩猩，终于成了一位有成就的科学家。

陈省身教授20岁了跑步还跑不过女孩，搞音乐又怕太吵，与人相处又怕处不好人际关系，于是，他选择了相对可以独立工作又不需要太多体力的数学研究，终于获得了全世界的数学最高奖。

维克多·格林尼亚年轻时整日游手好闲，不思进取。有一次，在一个盛大的宴会上，他像往常一样傲气十足地邀请一位年轻美丽的小姐跳舞，那位小姐觉得受到了极大的侮辱，怒不可遏地说："算了，请你站远一点儿。我最讨厌你这样的花花公子挡住我的视线。"

这句话刺痛了格林尼亚的心。他在震惊、痛苦之余，猛然醒悟，深感自己不学无术，让人看不起，他对自己的过去无比悔恨，决心离开这里，去闯一条新路。

结果，经过8年的刻苦奋斗和努力学习，他终于发明了以他的名字命名的"格氏试剂"，后来获得诺贝尔奖，成为著名的化学家。

上面的多个例子告诉我们，只有干真正适合自己的事，才能发挥自己的最大潜力，这就像行政学院的刘峰教授说过的："骏马行千里，犁田不如牛；坚车能载重，过河不如舟。"

一个人认识自己的能力和智慧也需要能力，也需要智慧。古人说得好："知人者智，自知者明。"一个人只有去干适合自己的那一行，才可能使自己成为这一行的"状元"。

一个人一旦发现在某一行确实不适合自己时，就要及时调整，更重要的是要及时发现自己的长处在哪里。如果确实认为全面的智商训练不能成就自己的长处，不妨在智商的某一方面有所发展；或者不妨转过来在情商方面试试，着力开发情商潜力，或许会有意想不到的收获。

条条道路通罗马，条条道路通成功。例如，当高考没有成功，当成为科学家、高级管理人员、音乐家、画家等梦想破灭后，也许就应该朝着营销人员、公关人员、服务人员，或者是社会活动工作者的角色转变；在高度上不能得到发展，就在广度上着力发展；在广度上发展有困难，就在某一点上弄深、弄透。

而一个人一旦发现自己的情商不太高，在处理人际关系方面有不足之处时，又觉得自己的社交能力不强而又难以提高时，一方面，可以在情商的诸多方面中的某一方面突出发展；另一方面，可以像陈省身那样，沉浸在与人打交道较少的探索中去找乐趣，找幸福，出成果，做贡献，体现自己人生的价值。

激励情智全面发展

智商和情商不仅关系密切、相互补充，还能够相互作用、相互促进。大多数人都必须使智商情商相互作用、相互促进，才能获得真正的成功。

一个人目标远大，信念坚定，人际关系好，长于合作，心情舒畅，这是情商高的表现，它也对提高智商有促进作用；一个人智商高，知识面广，受到人们的尊敬，对于找到很好的办法进行合作，对于用智慧来控制自己的情绪，对于进一步处理好人际关系，保持恰当的情感分寸，对于发掘情商潜能，也有很大益处。

单一的高智商或单一的高情商都是不容易成功的。

只有情商，很可能就会过分、过度地讲情面，过度地强调情感情绪，认为除了"情"别无他途，过分地注重人际关系而忽略了提高智商的一面，有不学无术之嫌。

只有智商，很可能不会处理人际关系，不容易与人合作，就只会怨天尤人，老是认为自己怀才不遇，老是认为全世界的人都对不起自己，"大道如青天，我独不得出"。

实际上，智商和情商在很多方面都是可以结合的，在学习中、在生活中、在工作中都可以结合。智商与情商结合的方法和技巧也是多方面的。

不要轻易地对自己的智商和情商能力失望，每个人都有智商和情商潜能，它犹如一座等待开发的金矿，只要充分挖掘和发挥，任何人都可以成就一番惊天动地的事业，任何人都可以通过智商和情商能力的提高，把自己的学习、工作干得更出色。

要么发掘智商潜能，要么发掘情商潜能，或者对这两种潜能分别进行单独地开发，也都会取得较好的效果。

其实，发掘智商潜能和情商潜能在有所侧重的前提下，可以结合起来。一方面，结合起来开发可以相互促进，作用更为显著；另一方面，二者开发的方法和技巧有一些是交叉重叠的，甚至是相近或相通的。

训练情绪情感、处理好人际关系、乐观豁达、积极进取、把握人生机会，这些都是开发情商潜能的方法，同时也可以在开发智商潜能上起一定的作用。

智商和情商的开发不是目的，根本目的在于开发后对智商与情商潜能的运用。在工作、生活和学习中，可以将智商和情商能力结合起来运用。

任何人都需要激励，任何人的智商和情商都可能通过激励提高并发挥得更好。刺激需求可以激发动机，产生动力，积极行动，发挥"情智"，达成目标。

激励的类型、方法和技巧有很多，如物质激励、精神激励、信息激励、目标激励、过程激励、正激励、负激励、外在激励、自我激励等，它们都是智商和情商结合的重要技巧。

一个小孩，还不太会走路，他口渴了，看见桌子上有一个玻璃杯，里面装满了水，便歪歪斜斜地走过去端过来喝。一不小心，玻璃杯掉在地上，摔碎了，小孩子吓哭了。

妈妈闻声过来，见到这番情境，非常生气，在小孩子的臀部打了几下，嘴里骂骂咧咧："臭小子，逞什么能？这么小的人儿，端什么水？要喝水不知道叫妈妈吗？你看看，进口地毯弄脏了，水杯也打破了，好在水还不烫人，要是水很烫，不把你身上都烫起泡才怪，要是烫起泡，长大了媳妇也娶不上，看你怎么办。"

这时，小孩哭得更厉害了。他从中得到了什么启示？今后再渴也不敢自己端水喝了。妈妈打起来是很疼的，骂起来也是很难听的，地毯弄脏了很难洗的，身上烫起泡是连媳妇也娶不上的。

于是，今后再有需求他也不会自己动手，他会大叫："妈妈，我要喝水，快点快点，我都快渴死了；爸爸，快给我拿袜子；爷爷，快给我拿书包；奶奶，快给我拿筷子。"

孩子就这样养成了"等、靠、要"的习惯，而且总认为你给他拿是天经地义的，他也不会说谢谢，不会感恩。孩子的这种低情商甚至是低智商就是这样被负激励出来的。

要是换另一个妈妈，或者妈妈换了一副面孔，情况就不同了：

见儿子把水杯摔坏了，一个劲儿地哭，妈妈也在儿子臀部上轻轻地、爱抚地拍几下，夸奖地说："哇，我的儿子真乖，这么小，路还不会走就知道自己去端水喝，儿子，长大了就这样，能够自己做的事就自己做。"

她见孩子仍然呆呆地站在那里没动，继续说道："水弄洒了没关系，妈妈把地毯洗一下就是了。你看，你多能干，水杯摔坏了，居然里面还剩了几滴水，不错。不过，今后再端水杯的时候要注意，先试一下水烫不烫，如果很烫，就不要去端，不然的话，手会被烫起泡的，烫了泡很疼的，而且，烫了泡可连媳妇也娶不到的，再有，端上水后，眼睛不要光看水杯，要看路。"

这样激励的结果是什么？孩子会破涕为笑。今后，再口渴的时候，他还会自己去端水喝，也许还会弄洒几次，久而久之，他就不会再弄洒了；而且袜子、书包、筷子，都会自己去拿了。

后一种激励方法，既教会了孩子自强自立，开发了情商；又教会了孩子怎样端水，还教会了孩子做其他的事。因此，通过激励技巧，可以把开发智商和开发情商的方法结合起来。

智商和情商有很多结合点，结合得最紧密甚至有重叠部分的有两个点："心"和"趣"。"心"就是心智和心情，"趣"就是智趣和情趣。

每个人都有一颗心，每个人的心灵深处都蕴藏着无穷的智慧和情感，智商与情商在"心灵"上形成结合点，交叉在一起。人对外界的反应，就是人们常说的心态。

心态，起始于西方关于智能的研究。我国古代认为，心也参加智能活动，例如，良心、善心、爱心、仁慈心、宽容心等。

一个人的价值取向、伦理道德水准、智力程度，也是由人的心决定的。心的功能在禅宗中提升到更高的位置，佛教和道教都认为得道的修炼过程就是一个修身养性的过程。

智商和情商，既在"心"上结合，又在"趣"上紧密结合，即所谓的智趣、情趣。兴趣是最好的老师。幽默风趣最能体现智与情。一个人提高智商，要在他有智趣的方面；没有智趣的东西，不会有慧根，智商也不会向那方面发展。

一个人提高情商，也要在他有情趣的方面；没有情趣的东西，不会有激情，情绪也激发调动不起来。幽默风趣是一种典型的智商与情商的结合。

恩格斯曾说过："幽默是具有智慧、教养和道德上优越感的表现。"幽默风趣是充满智慧的，又是一门艺术，是一门用智趣控制情绪情感的艺术，是一门闪动情绪情感、调动情绪情感的艺术；它体现了一个人的智趣和情趣高层次的品位，是智商和情商结合的佳品、上品、精品、优品、极品。

第二章

掌握命运之船

　　情商是可以通过全面系统的课程培养提高。青春期是人生中一个比较特殊的时期，学生们这个时候面临学习压力的同时，又面临着生理、心理方面的变化。这些都会使他们造成心理失衡和复杂的心理矛盾，严重的便可以产生种种不良的后果。

　　但他们最终会长大，早晚要独立生活，这是不可改变的事实。所以，青少年应该紧紧抓住自己的命运之船，成为自己命运的主人。

我们可以自己飞翔

现在的青少年相当一部分都是独生子女，在家长的关怀下，苗壮地成长着。他们在家长的娇宠之下，应该怎么样选择自己的生活呢？家长总是给他们撑开一把大伞，保护他们免受风雨的侵袭。但青少年朋友一定要知道的是，你们可以自己飞翔，你们可以独立成长！

世界上最坚强的人就是独立的人。纵观古今，不难发现，凡是有所作为的人都有一个共同的特点，那就是凡事靠自己。自立的人才会有所为，自立的国家才会立于世界民族之林，实现繁荣富强。

成长中的青少年要学会自立，更要懂得自立，因为总有一天你们会长大，许多事情都需要你们自己去解决、自己去面对，而不自立的人终有一天会被社会所淘汰。

杨甄是一位学习非常好的学生，他可以算得上是班里的"奇才"。他5岁半就上小学了，9岁小学已经读完并升入了初中一年级。大家都把他当作"神童"一样崇拜。

在学校组织的一次春游活动中，杨甄也积极参加了，妈妈给他准备了一个大大的书包，里面装满了好吃的东西。

到中午野餐的时候，大家纷纷把自己的好吃的拿出来吃，杨甄也不例外，他打开背包，看见了妈妈给自己煮的鸡蛋还有火腿肠、薯片、锅巴、巧克力……

可是，杨甄拿起了鸡蛋，东瞅瞅西看看，不知道怎么下嘴，拿起火腿肠，他看着红色的包装跟平时吃的不一样，他也不敢动。

他把书包里面的好吃的翻了个遍，一个也不知道怎么吃到嘴里。他因为年龄小，自尊心特别强，又不好意思问同学和老师，只好饿着肚子回家了。

看了这个故事，你心里有什么感受吗？你会嘲笑这个叫杨甄的小同学吗？你想过他为什么看着一书包的好吃的东西，却吃不到嘴里吗？

当代青少年，是祖国未来的希望，不能做连鸡蛋壳都不会剥的孩子，更不能什么都依靠他人。一个人最终会长大，早晚要独立生活，这是不可改变的事实。独立行走，使人脱离了动物界而成为万物之灵；独立生活，使青少年可以摆脱家长的全面保护，成为新世纪的主人。

当青少年跨进青春之门的时候，就开始具有了一定的自立意识，这种自立的意识与他们对父母的依恋常会形成矛盾，使他们困惑不已。

一方面青少年们想要自立，另一方面又觉得离开了父母的帮助让自己感到很不舒服，还有一些青少年理解错了自立的意思。家长希望慢慢长大的孩子自己学会自立，但是自立不是让你我行我素地去做事情，自立不是让你什么事情都不要告诉家长。青少年应找好自立与依靠家长之间的平衡点。

毕竟青少年还是未成年人，有些事情其判断能力还达不到理想中的高度。自立不是让你们一意孤行，而是在接受家长的意见之后，再自己做最后的决定。

当你跨进青春之门，你开始具有一定的独立的自我意识，自我意识就是个人对自己的行为及自己在社会生活中所处的地位和所起的作用的认识。那么，青少年要怎样才能自立呢？这需要先做好以下几个方面：

自己的事情自己做

著名教育家陶行知先生曾写过一首《自立歌》："滴自己的汗，吃自己的饭，自己的事情自己干，靠人，靠天，靠祖宗，不算是好汉。"

青少年的自制力差，为了督促自己，可以把自己应该做的事情一件一件地列出来，然后逐步去培养自己的自理能力。

低年级学生可以从自我服务做起，穿衣叠被、系鞋带、整理书包、在学校值日等；到了中年级洗小件的衣服、洗碗、扫地、帮妈妈买小商品、招待客人，在学校布置教室、美化校园等；高年级学生可以学做简单的饭菜，用电器、修理桌椅等。

自己的主意自己拿

青少年应树立自立意识，学会自主决策，不随波逐流。自主决策就是根据自己的兴趣、爱好和特长，确定一个明确的目标，做出决定，做自己想做的事情，并下决心把它做好。

有的学生喜欢看书，有的学生喜欢画画，有的学生喜欢踢球……每个人的兴趣和爱好都不一样，我们应该自己拿主意，自己发现问题，分析和解决问题，自己确定行动目标，自己判断和拟订行动方案。

自己管理自己

自我管理能力是自立能力的一个重要因素。要学会自己管理自己，首先，要克服一些不良习惯，如懒惰、有始无终、拖拖拉拉、无计划、马虎凑合、轻易原谅自己等。

其次，要树立远大的奋斗目标，目标的确立不仅要根据自身的条件，如兴趣、爱好、智力、能力、气质、性格，还要考虑环境条件；最后，要积极参与各种活动，在学习活动、体育运动、社会服务等活动中锻炼自我管理能力。

青少年朋友已经长大了，相信每个人都不想永远躲在大人的影子里，而希望自己去开辟出一片新天地。生活是充满困难与挫折的，青少年要学会凭借自己的力量去克服和战胜它们，养成独立自主的好习惯。

青少年不应该做温室里的花朵，要做冰天雪地里傲然绽放的梅花；青少年不应该做笼中之鸟，要做展翅翱翔的雄鹰；青少年不应该成为生长在绿荫下的小树，而要做暴风骤雨中毅然挺立的劲松。

那么，请学会独立，自力更生，努力做一个自强自立的、生活中的强者吧！这样，你们就可以像雄鹰一样自由自在地遨游天际！

避免不必要的麻烦

人都有七情六欲，人如果没有感情和情绪，生活便没有快乐，人生就只是枯燥的流水线作业了。各种各样的情绪在让我们饱尝生活的快乐的同时，也让我们体验到人生的烦恼。情绪经常试图代替理智来做出选择，而且常常得逞。

什么是情绪

那么，情绪是什么东西呢？情绪是伴随人们的某种行为或者对某种结果的心理感受，情绪只是行为结果的附加值。情绪是我们脸上的笑容，而不是手中的奖杯，是我们眼里的泪水，而不是糟糕的事情。

情绪本身没有什么实质意义，但是却经常干扰我们的理智，例如高兴的时候我们对人比较友好和宽容，愤怒的时候我们对人比较苛刻，即便是对待同样的人，我们也常常因为情绪的不同而表现出很大的不同。

从能力发挥上，情绪同样对人的行为有极大的影响。积极的情绪能让我们将长处发挥得淋漓尽致，消极的情绪让糟糕变得更加糟糕。情商高的人是善于保持积极情绪、排除消极情绪的人。

每个人的情绪都会时好时坏。学会认识和控制情绪是我们成功和快乐的要诀。一个高情商的人完全能够排除负面情绪，而不是依靠压抑情感来解决问题。

低情商者一旦失败，便会顿足捶胸，一味自责，骂自己没用，情绪会更加恶化，这就形成了一种恶性循环。过分自责和急于求成一样，使你很容易放弃行动，放弃努力，但这样你就永远没有成功的机会了。

经验告诉我们，应该先处理情绪，再处理问题，千万不要带着情绪来处理问题。这应该成为我们的原则。不要在意自己喜欢什么，而应该知道自己需要什么；不要在乎外界的评价是什么，而应该时刻提醒自己目标是什么，以及它对自己的意义是什么；不要在意自己的心情如何，而必须把握自己应该如何做。

我们应该为了事物本身的价值和意义，理性、客观地选择自己的言行，而非被自己的主观感受、个人喜好、外界的评价和刺激所左右而做情绪化的处理。

提高情商就是把那些率性而为的自然、自发反应变为自觉、理性反应，虽然有时候，情绪并不容易被察觉，但是懂得这个道理，提高情商也就指日可待了。

看看下面的故事，你是不是也和故事的主人公有一样的境遇呢？

　　酷妹把她的朋友小顽子心爱的偶像签名照弄丢了。那是小顽子千辛万苦、排了两三个小时队，才得到的偶像亲笔签名照，现在却被酷妹弄丢了，小顽子真的很生气。

　　可是，酷妹是她最好的朋友，怎么可以对她生气呢？而且生气是不好的，万一失控，可能会伤害到其他人。而且酷妹也许就不再跟她做朋友了，所以她告诉自己："算了！丢了就丢了，生气也无济于事。"

　　虽然这样想，她还是心里有疙瘩，无法再像以前一样对待酷妹。

小东的学习成绩不好，不喜欢上课，经常逃课去网吧玩游戏。父母经常教育他，希望他专心读书，将来能凭自己的本领做出一番事业。

但是，小东总是嫌父母啰唆，与他们争吵。有一次他跟父母吵架，一气之下把电视机给砸了，令父母很伤心。

上面两个故事中呈现出来的是某些青少年对情绪的态度与处理方式，比较有代表性。如果主角换成是你，你会有什么感受？你会怎么处理你的情绪呢?

有些人在面对情绪时,完全被情绪所控制,当负面情绪产生时,就任由负面情绪牵制他们的一切思想、感受和行为。影响层面小一点的包括个人心情不愉快、生活状态受到限制;影响层面广泛一点的包括人际关系出现问题,更严重的是他们可能因一时冲动,做出严重的举动,造成较重大的损失,后悔莫及。

有些人则是对负面情绪感到害怕、恐惧,担心自己若产生生气、愤怒、悲伤、沮丧、紧张、焦虑等情绪,情况会更加糟糕,甚至会发生无法预测的后果,因而就极力压抑、控制自己的情绪。但是,没有表现出来的情绪,并不代表没有情绪,所以暗藏情绪仍会间接地影响他们自己及其人际关系等。

也有些人不满足于对负面情绪的控制和预防,他们认为情绪是非理性的,所以一个理性、成熟的人不应该表现出自己的情绪。他们不允许自己处在负面的情绪中,拼命告诫自己"要理性""要控制情绪""我不应该焦虑,焦虑只会让我表现得更糟""我不应该沮丧,沮丧只会侵蚀我的斗志""我不能生气,生气代表我是一个不能把情绪管理好的人"。

因此,他们将自己塑造成有修养的人,预防可能会引出负面情绪的情境。然而,如果我们一味地否认、压抑或控制负面情绪,我们将失去适当地反映真实情绪的能力,所以也将无法真实感受到快乐等正面情绪,而变成一个单调无情绪的人。

生活中我们经常会遇到让自己不开心的事情,有时候还会莫名其妙地不高兴。但是,愤怒越是不愿意忍受,就越难以忍受。忍耐是人生发展和幸福的必修课程。

如何缓解自己的情绪

每个人都会面临情绪难以自制的问题，诚然控制情绪并非易事，然而对情绪听之任之就会伤人害己。许多关键时刻，一个人一旦意气用事、率性而为，牵一发而动全身，后果则不堪设想。

所以，那些杰出的人总会想出一些适合调整自己情绪的办法，并养成习惯。在此，为大家提供一些缓解情绪的方法，大家可以参考一下。

（1）把烦恼的事情暂时放到一边，出外散步，路上的人、事会转移自己的注意力，让自己的情绪没那么容易失控。

（2）把烦恼写在纸上，承认自己的委屈，列出自己的几种选择，并表扬自己能够超越自己的情绪；也可以像电影里演的那样，找一个空瓶子，灌满水，然后把不满的情绪对着瓶口说，然后你会觉得自己的烦恼溶入了瓶中的水里，再把瓶子里的水倒掉，就代表烦恼没有了。

（3）仰望天空，想象辽阔的宇宙和宽广的大海，然后告诫自己：人类如此渺小，何必如此为某事伤脑筋呢？

（4）找人倾诉，给自己的朋友打电话，当电话接通后，你的烦恼就会减半，更重要的是你必须关注电话的另一端，可以轻松地跳出现在的环境，用新的眼光看待这个问题。

或者在QQ上发个"漂流瓶"发泄自己的不良情绪，或许马上就会有好心人捞到你的瓶子，给你一些鼓励或者安慰。另外，在微博上、论坛里，都能找到合适的倾诉对象，你的烦恼自然容易化解了。

（5）深呼吸或者喝水。据美国《心理健康》杂志报道，喝水能帮助人加速痛苦激素的代谢，及早走出抑郁情绪。研究人员发现，激素会影响人的精神状态，例如大脑制造出来的内啡肽能使人产生快感和满足感，因此被称为快活激素。

但当人生气或受到恐吓时，人体就会分泌出一种肾上腺素，也被称为痛苦激素，这种激素会让人心情低落、郁郁寡欢、无精打采。

研究者发现，人分泌痛苦激素时，一般都处在应激状态，比如跟亲人吵架、受到别人的责备等，严重的会引起大脑思维混乱、手脚发抖、想哭等反应。

此时，多喝水能帮助身体排出痛苦激素。当然，汗水和泪水也有助于减轻坏情绪。因此，当心情郁闷时，可以多喝几杯水，跑跑步、打打球，让身体出汗或者大哭一场来排解。

（6）为自己树立榜样，当自己"到底意难平"的时候，想想那些优秀的人物会怎么做。

走出愁怨的阴霾

青少年常常"为赋新词强说愁"，年轻的心灵装载了许多不为人知的忧愁与寂寞，在成长的路途中，其背影显得格外孤独、寂寞……青少年的烦恼与苦闷似乎永远都说不完，他们的人生就像与烦恼绑在了一起。

其实，青少年之所以感到彷徨无助，就在于他们没有树立正确的人生观，没有一个好的观念。

试想一下，当你的内心已被苦涩填满的时候，成功从何谈起。

没有更好的办法，如果你想成功，那么就从现在起，给你的人生松绑吧！学会克制自己的不良情绪，你才能走出愁怨的阴霾。

"磨炼法则"对于培养克己自制的品质至关重要。第一位成功征服珠穆朗玛峰的新西兰人埃德蒙·希拉里在被问起是如何征服这座世界最高峰时，他回答道："我真正征服的不是一座山，而是我自己。"

这种优秀的品质就叫意志力、自制力或克己自律，实际上，我们也完全可以从每天去做一些并不喜欢的或原本认为做不到的事情开始，在"磨炼法则"的作用下，增强自己的意志力、自制力。

我们知道只有通过实践锻炼，才能够真正获得自制力。也只有通过习惯和反复的自我控制训练，我们的神经才有可能得到完全的控制。

从反复努力和反复训练意志的角度而言，自制力的培养在很大程度上就是一种习惯的形成。

最有效、方便、实际的建议是每天早上进行5000米慢跑。不论严寒酷暑还是刮风下雨，都要坚持。

早上在床上的每一分钟都是如此让人珍惜，特别是冬天赖在被窝里为起床做激烈的思想斗争，而且长跑又艰苦又乏味，还会让人腰酸背痛，是名副其实的苦差事，所以在这个运动过程中你就可以得到磨炼。

从一开始的新鲜到讨厌、痛苦再到渺茫，你可以想想美国著名作家马克·吐温的一句话，以此来做到克己自制："关键在于每天去做一点自己心里并不愿意做的事情，这样，你便不会为那些真正需要你完成的义务而感到痛苦，这就是养成自觉习惯的黄金定律。"

只要你坚持，随着身体状况地慢慢变好，跑步逐渐变得轻松起来，跑步这份苦差事似乎不再那么恐怖了，尽管早起仍然有点儿困难、有点儿费劲，但可以克服。

一切都变得越来越容易、越来越自然，晨跑成了日常行为的一个部分，不用强迫自己，每天的晨跑成了自然而然的习惯。这样通过每天跑步的"磨炼"，你的自律能力、决心、意志、承诺、效率、自信、自尊都能得到锻炼和提高。

你也可以选择各种各样的体育活动。不论你选择怎样的事情，它首先是一件你必须强迫自己完成的苦差事。这件苦差事也必须是你每天都可以完成的。

最后，这件苦差事当然还应该是一件有益处的事情。比如，体育锻炼有助于身体健康、提高身体机能、增强自信、改善认知能力等。

体育锻炼的项目数不胜数，但是，并不是说可以选择的苦差事仅限于体育锻炼。

练习一种乐器，坚持每天阅读或是写日记、写博客、写微博、和朋友通信或写电子邮件等同样也是锻炼。

选择怎样的苦差事本身并不重要，坚持才是关键。每天坚持做点自己原本不太喜欢的事情，最终会让你获得自律、毅力，以及信守承诺，增强自制力的成果。

当你拥有强大的自制力之后，你就会发现，控制哀怨的情绪并不是一件很难的事情，因为你的意志和品质都经过了艰苦地磨炼，在困难面前，你可以成功地迎难而上，在负面情绪面前，你也可以进退自如。

交际是人生一大乐事

你是善于交际的人吗？你知道交际对人生来讲是多么有趣的一件事吗？

当你和朋友们在一起谈笑风生的时候，当你被大家拥戴和爱护的时候，当你有困难、别人伸出援手的时候，你的内心是不是感到很快乐呢？学会沟通和交际，就是我们成为人见人爱的"人气王"的必要手段。

良好形象

人与人之间的好恶，往往会第一时间根据对方的形象来判断。所以保持良好的形象，是我们交际沟通的第一步。如果第一印象不好，以后大家彼此成为朋友的可能性就会大打折扣。

良好的形象包括的范围很广，首先在衣着上，我们的穿着要适合自己的性别、身份、地位和环境。比如青少年学生，在日常生活里，就应该穿符合学生身份的衣服，而不能穿奇装异服；否则会让旁人从内心产生抵触情绪，而不愿意与你交往。

另外，良好的形象中，最重要的一点是要保持微笑、热情诚恳。微笑就是情商的美丽外衣，你的笑容就是你得意的信差，能照亮所有看到它的人。请相信，一个发自内心的微笑，不管是从眼睛看到的或从声音里听到的，都是一个很好的开端。

优雅姿态

保持优雅的姿态，也会给你在交际中加分。"站如松，坐如钟""站有站相，坐有坐相"，要在平时养成良好习惯，避免"二郎腿""双腿叉开式""斜躺式"等不良坐姿，忌"勾肩搭背"或"屈腰驼背式"等不良站姿。

以去同学家时的举止行为为例：自信而礼貌地与保安打招呼，轻敲门，耐心等待；入户前询问是否换鞋，进入同学的家里应向所有人问好致意；自己带的书包不应随手乱放；同学招呼后再入座，坐客席，坐位置的一半至三分之二；接受同学递上的食品，要道谢。

另外，喝水不要见底和发出声音，不乱吐乱扔，杜绝一些常见的坏习惯，特别是手部的不雅动作：搔头、揉眼、挖耳、剔牙、玩弄手中的东西等。打呵欠，打喷嚏等也须注意。

由衷赞美

赞美，是一门沟通的艺术，一种处世的智慧。赞美之于人心，犹如阳光之于万物。赞美可以让人精力充沛，更有活力，让人增加自信，让被称赞者更接受和肯定自己。同时，赞美能让人产生积极的回应，让人优点尽现。

一天晚上，某公司保险箱被窃，一个清洁工与小偷进行殊死搏斗，保护了公司财产。

事后，有人为这位清洁工请功并询问他当天的勇敢缘由。他的答案出乎意料。他说，当公司总经理从他身边走过时，总是说"你的地扫得真干净"。

就这么一句简单的赞许，就让这个员工深受感动，并冒着生命危险去保护公司的财产由此可见，赞美是一种简单却威力无穷的武器，它能激发人的热情、营造良好的环境氛围。相反，缺乏赞美可能导致消极的情绪。

有一个富翁特别喜欢吃烤鸭，就用重金聘请了一位名厨师，每天为他做烤鸭，大厨师做的烤鸭香喷可口，但每天的烤鸭都只有一条腿。

富翁心里很纳闷，一天，他问厨师："你烤的鸭子为什么都只有一条腿呢？"

厨师指着缩了一只脚站着休息的活鸭子回答说："鸭确实只有一只腿啊！"

富翁气得用手拍了几下，掌声惊动了鸭子，它伸出另一只脚匆匆逃避。

富翁说："那鸭子不是有两条腿吗？"

厨师说："是啊，如果你早鼓掌，那烤鸭早就是两条腿了。"

这个故事告诉我们，人人都需要赞美。为此，我们在与人相处时，也不应该吝啬赞美之词。

认真聆听

聆听是一种关爱，是治愈失意者的良药，我们不难发现，在生活中有爱心的人，就会得到大家的爱戴，就会拥有更多的朋友。感情是建立在同情、理解和宽慰的基础上的，如果你不把关爱给予别人，你也不会得到别人的关爱。

我们要学会聆听，这不仅是一种同情和理解，不只是单纯的付出，它同样可以让你从中体会到人间的温情和关爱，高EQ者总能够成为大家的朋友，原因就在于他们善于聆听。

聆听是交际的第一方法和技巧，是沟通的第一艺术。造物主给了人类两只耳朵一张嘴，就是要人们少说多听。聆听是一种主要用耳的艺术，取得成绩时要聆听，遭受挫折时要聆听，承担痛苦时要聆听，沟通心灵时要聆听，了解他人情绪情感时更要聆听。

每个人都希望自己的话有人聆听。人与人之间不能沟通，大多是因为只有人说话而没有人听。聆听是建立友谊的前提，它可以让我们在与人交往的过程中备受青睐。

除此之外，我们在交往的过程中还要学会尊重和理解他人，学会幽默待人，学会用诚信做事。

青少年朋友，只要我们认真地去实践上面关于人际交往的一些关键做法，我们很快也会成为受人喜爱和尊重的"人气王"。

不要为打翻的牛奶哭泣

生活中，总会有一些人整天为过去的错误而悔恨，为过去的失误而惋惜。然而，沉溺于对过去的自责和懊悔之中，无论对于学习还是生活来说，都是有害无益的。

保罗博士在纽约市的一所中学任教，他曾给他的学生上过一堂难忘的课。这个班的大多数学生有一个共同特点，那就是为自己过去的成绩感到不安，他们总是在交完考卷后满怀忧虑，担心自己不及格，以致影响下阶段的学习。

有一天，保罗在教室里讲课，他先在桌上放了一瓶牛奶，沉默不语。学生们不明白这瓶牛奶和所学的课程有什么关系，只是静静地坐着，望着老师。

保罗忽然站了起来，一巴掌把那瓶牛奶打翻到了水槽里，同时大喊了一句："不要为打翻的牛奶哭泣。"然后他让学生们围到水槽周围仔细地看一看。

"我希望你们永远记住这个道理，牛奶已经流光了，不论你怎么后悔和抱怨，都没有办法把它们取回。你们要是事先想一想，加以预防，那瓶牛奶还可以保住，可是现在晚了，我们现在所能做的，就是把它忘记，不再犯同样的错误，然后集中精力去做下一件事情。"

"不要为打翻的牛奶哭泣"，这句话所包含的哲理是非常丰富、深刻的，过去的已经过去，历史就如"黄河之水天上来，奔流到海不复回"，不能重新开始，不能从头改写。为过去哀伤，为过去遗憾，除了劳心费神、分散精力，对我们没有一点儿好处。

莎士比亚说："聪明人永远不会坐在那里为他们的损失而哀叹，却用情感去寻找办法来弥补他们的损失。"想要把自己的潜能发挥出来，取得事业的成功，必须勇于忘却过去，重新开始新的生活。

2012年的伦敦奥运会上，中国男子体操队就是一个很好的例子。他们在预赛的时候，成绩不佳，发挥失常，有好几名队员出现重大失误，比赛场上摔成一片。很多人为他们能否在决赛中有出色的表现而感到担忧。

尽管他们的预赛成绩只排在第六位，可是他们没有被预赛时的失误所困扰，在决赛的战场上，他们重整旗鼓，一鼓作气拿下了男子体操团体比赛的金牌！

　　而位居亚军的日本队，因为在预赛中的表现也不佳，他们的心里有了沉重的负担，总是对比赛的结果患得患失，所以在决赛的比赛场上，他们连连失手，最后没有获得好成绩。

　　事后，记者在采访这些男运动员时，他们说得最多的一句话就是"放手一搏，不再为金牌患得患失"。这是一种洒脱的人生态度，也只有这样，中国男子体操团体才顶住了压力，在关键的比赛中获得宝贵的金牌。

　　人生漫漫的征途上，总会伴随许多困难、挫折，重要的不是我们失去了什么，而是我们学会了什么、得到了什么。我们每做一件事情，都会有经验和教训产生，经验固然可贵，教训也是不容忽视的。但我们不能沉湎于教训的打击，因为我们还要前进，那么，我们就要有这样一种心态：不为打翻的牛奶哭泣！

　　如果你连续不断地打翻牛奶，那就应该好好反省一下，找出症结所在，彻底解决问题。如果你身边有这样一种人，他们没有打翻过牛奶或是极少打翻过，那你就应该好好地吸取他们的经验，虚心地向他们请教。在牛奶还没打翻之前，找到避免打翻它的办法，这才是最重要的。

　　　有一个瓜农，拉着一车西瓜去城里卖，可是因为路不平

坦，西瓜从车上掉下来一个，摔得稀巴烂。有人在喊他：

"喂！老人家！你的西瓜掉了！"

　　　这个瓜农连头都没回，只是说："西瓜已经摔烂了，回

头也无济于事，还不如节省下时间赶路，把西瓜拉到集市上卖掉。"

不要为过去的无法改变的事痛惜、后悔、哀叹、忧伤，可以说是古今中外聪明人共同的生存智慧。

无法改变的事，忘掉它；有机会补救的，抓住最后的机会。后悔、埋怨、消沉不但于事无补，反而还会阻碍你前进的步伐。西瓜已经摔烂了，不可能恢复原状。任你后悔、哀叹、捶胸顿足、呼天抢地，也肯定不会改变这个已经板上钉钉的事实。

聪明的做法，就应该像那个瓜农一样，不再为摔烂的西瓜浪费时间，就应该有"不要为打翻的牛奶哭泣"的良好心态，这才是人生真正的大智慧！

在现代社会，更应具有这样的生存智慧，因为在激烈的社会竞争中，我们瓶中的"牛奶"随时会被打翻，车上的"西瓜"也随时都有可能被他人摔烂。

遇到这样不如意的事，不要怨天尤人、哭天抹泪、消沉颓废、心灰意懒，而应该吸取教训，挺直腰杆，义无反顾。这样的人，才能成为强者，才能事业有成，才能出人头地，才能真正享受成功的喜悦。

如果你拥有这样大度的襟怀，拥有这样的人生智慧，命运或许会给你新的机会，迈过几道坎，拐过几道弯，成功就在不远的灯火阑珊处。

拥有成功的一半

在生活中，有许多人都不敢去追求成功，不是因为他们追求不到成功，而是因为不自信导致他们在心里默认了一个高度，这个高度常常在他们的潜意识中暗示：成功是不可能的，这是没有办法做到的。

"心理高度"是人们无法争取伟大成就的根本原因之一。我要不要跳？能不能跳过这个高度？我能不能成功？能有多大的成功？这一系列的问题都取决于自我暗示。

事实上，一个人在自己生活经历中如何认识自我，在心里如何描绘自我形象，也就是他认为自己是个什么样的人，成功或是失败的人，勇敢或是懦弱的人，在很大程度上将会决定他的命运。或许渺小，或许伟大，这都取决于人们的心理态度如何，取决于人们能否靠自己去奋斗争取，也就是要有自信心。

要知道，自信心是一个人做事情与生活下去的支撑力量，没有了这种信心，就等于自己给自己"判了死刑"。

在这个世界上，只有自己才是自己最强大的敌人。很多时候，我们都是被自己的失败心理打败的，而不是被别人打败的。因此，我们要创造自信的自我，以此赢取成功。

在2012年的奥运赛场上，我们看到了许多因为不自信而失败的例子。我国女子举重53公斤级的选手周俊，因为年龄小，缺乏参赛经验，导致她在奥运赛场上表现极不自信。

在报名成绩上，她不仅远远低于对手，被分到无望夺冠的B组；而且在比赛中，她也极不自信，连续3次没有举起第一把要的重量，以致在举重比赛中交了白卷，让中国在这个项目上与奖牌无缘。

相反，我国游泳女选手叶诗文，尽管年龄也不大，但是她有着极强的自信心，在游泳比赛中，接连摘得两枚金牌，让世界为之震动。她的自信发挥了重要的作用。

每个人都有一件至珍至贵的东西，那就是自信心。美国思想家爱默生曾说："自信，是使人走向成功的第一秘诀。"如果说你真正建立了自信，那么你就已经迈向了成功的大门。自信会使你创造奇迹。

古往今来，每一个伟大的人物在其生活和事业的旅途中，无不是以坚强的自信为先导。拿破仑就曾宣称："在我的字典中，没有不可能的字眼。"这是何等豪迈的宣言。正是因为他的这种自信，激起了无比的智慧和巨大的潜能，才使他成为横扫欧洲的一代名将。

基恩博士是美国著名的心理医生，他常常对人讲这样一个故事：

在一个公园里，几个白人小孩正玩得高兴。这时，一位卖氢气球的老人推着小车进了公园。白人小孩一窝蜂地跑了上去，每人买了一个，兴高采烈地追逐着色彩艳丽的氢气球。

在公园的一个角落，蹲着一个黑人小孩，他羡慕地看着白人小孩在嬉笑玩耍，他不敢和他们一起玩，因为他们是白人，而他是黑人，他没有自信与白人小孩一起玩。

白人小孩高兴地到别的地方去玩了。当他们的身影消失后，黑人小孩怯生生地走到老人的车旁，用略带恳求的语气问道："您可以卖一个气球给我吗？"

老人用慈祥的目光打量了他一下，温和地说："当然可以。你要一个什么颜色的？"

黑人小孩鼓起勇气说："我要一个黑色的。"

满脸沧桑的老人惊诧地看着小男孩，然后给了他一个黑色的氢气球。黑人小孩开心地拿过气球，小手一松，黑气球在微风中缓缓升起，在蓝天白云的映衬下，黑色的气球成了一道别样的风景。

老人一边眯着眼睛看着气球升起，一边用手轻轻地拍了拍小孩的后脑勺，说："记住，气球能升起，不是因为它的颜色和形状，而是气球内充满了氢气。一个人的成败不是因为种族、出身，关键是他的心中有没有自信！"

那个黑人小孩便是基恩博士自己。

只有相信自己，才能激发进取的勇气，才能感受生活的快乐，才能最大限度地挖掘自身的潜力。

自信，是一种感觉。人们拥有了这种感觉，才能怀着坚定的信心和希望，开始伟大而光荣的事业。自信能孕育信心，你能通过充满自信的活动使别人对你和你的意见产生信心。

生活中的很多问题、困难，其实是来源于你的信心不足，你一旦获得了信心，很多问题就会迎刃而解。自信能使我们保持最佳心态，使我们增强进取的勇气。

自信，是一种美妙的生活态度，即便你说："我这人不想干什么大事，只想生活得快乐。"殊不知，想要生活得快乐，也要有自信。

人生的道路漫长，生活难免会有风雨坎坷，如果我们被困难和挫折所压倒，怀疑自己的能力，被自卑感所控制，我们就会觉得生活充满痛苦，前途黯淡无光，如此我们就会成为生活的奴隶，失去生活的乐趣。

相反，在我们取得了一定成就，恢复了自己的信心后，就会感觉到自己有驾驭生活的能力，生活美好，未来光明，整个人生也会因此而充满了快乐。

其实，站在山顶和站在山脚的两个人，虽地位不一样，但在各自的眼中，对方却一样的渺小。所以，在生活中显赫也好，平淡也罢；尊贵也好，卑微也罢，这些都不是最重要的。最重要的是要拥有自信的态度，若我们每个人都真正建立了自信，那世界就会充满美好。

挖掘潜力的最佳法宝就是自信，我们只有坚定地相信自己，才敢于奋力追求，实现自身价值，才敢于去做事，才会激发自己的潜能。自信并不是一句空话，也不是自欺欺人。每个人都有非常充足的理由相信自己。

现代心理学、人类学都已证明人类存在着无穷的潜能。早期学者认为，一个正常人只运用了自身潜能的一半。后来的研究发现，一个正常人只运用了自身潜能的10%。现代权威的看法是正常人只运用了自身潜能的2%~5%。

这也就是说，那些最成功者，也只运用了自身潜能的5%；最失败的人，只要正常，也运用了自身潜能的2%。他们之间的差距不会超过3%。

苏联学者做了一个非常形象的说明：如果一个正常人发挥了自身潜藏能力的一半，那么他将掌握40多种语言，学完几十门大学的课程，可以将几个人高的全套百科全书背得滚瓜烂熟。既然我们都有如此巨大的潜能，那为何不能相信自己，尽最大可能挖掘自身的潜能呢？

300多年前，建筑设计师克里斯托·莱伊恩受命设计英国温泽市政府大厅。他运用工程力学的知识，根据自己多年的工作经验，巧妙地设计了只用一根柱子支撑大厅天花板。一年后，市政府权威人士进行工程验收时，却说只用一根柱子支撑天花板太危险，要求莱伊恩再多加几根柱子。

莱伊恩坚信只要一根坚固的柱子足以保证大厅的安全，他的"固执"惹怒了市政官员，险些被送上法庭。莱伊恩很苦恼，如若坚持自己原先的主张，市政官员肯定会另外找人修改设计；如果不坚持的话，又有悖自己为人的准则。

莱伊恩在纠结了很长一段时间后，终于想出一条妙计，他在大厅里增加了四根柱子，不过这些柱子并没有和天花板接触，只是装装样子而已。

就这样300多年过去了，这个秘密始终没有被人发现。直到前些年，市政府准备修缮大厅的天花板，才发现莱伊恩当年的"弄虚作假"。

当消息传出后，世界各国的建筑专家和游客云集，当地政府对此也不加掩饰，在新世纪到来之际，特意将大厅作为一个旅游景点对外开放，旨在引导人们崇尚和相信科学。

莱伊恩并不是最出色的建筑师，但无疑他是一个很伟大的人，这种伟大表现在他始终坚持自己的原则，创造了自信的自我，自信使他拥有了勇气，勇气使他获得了人生的伟大成功。

成功学的创始人拿破仑·希尔说："自信，是人类运用和驾驭宇宙无穷大智的唯一管道，是所有'奇迹'的根基，是所有科学法则无法分析的玄妙神迹的发源地。"

美国成功学奠基人奥里森·马登也说过这样一段耐人寻味的话："如果我们分析一下那些卓越人物的人格，就会发现他们有一个共同的特点：他们在开始做事前，总是充分相信自己的能力，排除一切艰难险阻，直到胜利！"

自信在很大程度上促成了一个人的成功，从不少人的创业史中我们都可窥见。自信可以从困境中把人解救出来，可以使人在黑暗中看到成功的光芒，可以赋予人奋斗的动力。或许可以这么说："拥有自信，就拥有了成功的一半。"

自信是人们事业成功的阶梯和不断前进的动力。在许多伟人身上，我们都可以看到超凡的自信心。正是在这种自信心的驱动下，他们敢于对自己提出更高的要求，并在失败中看到成功的希望，鼓励自己不断努力，从而获得最终的成功。

正如法国启蒙思想家、文学家让·雅克·卢梭所说的那样："自信力对于事业简直是一个奇迹。有了它，你的才干就可以取之不尽，用之不竭；一个没有自信的人，无论他有多大的才能，也不会抓住一个机会。"

相信自己，让个性伴随你，自信地站在自己的位置上，展示内心世界的丰富内涵，给苍白的四周以绮丽，给平淡的日子以诗意，给沉闷的空气以清新，每日拭亮一个太阳，用大自然的琴弦，奏响自己喜爱的心曲。大声地向世人宣告：我就是最亮丽的风景！

世间不存在完美

人们常说："金无足赤，人无完人。"这句话的哲理非常深刻。我们每个人都是不完美的，我们需要正视自己身上存在的毛病和缺点，只有这样，你才会不断完善自己，不断地快乐进步。

生活不可能完美无缺，也正因为有了残缺，我们才有梦、有希望。当我们为梦想和希望而付出我们的努力时，我们就已经拥有了一个完整的自我。

生活不是一场必须拿满分的考试，生活更像是一个赛季，最好的球队也可能输掉其中的几场比赛，而最差的队也有自己闪亮的时刻，我们的所有努力就是为了赢得更多的比赛。当我们能继续在比赛中前进并珍惜每场比赛，我们就赢得了自己的完整人生。

我们不要求事事都顺心如意，但求问心无愧。现实生活中，没有任何一样事物是完美的，包括我们自己，得到的越多，失去的也就越多。

因为种种原因，生活也许会带给我们很多不如意，可只要自己尽力了，自己问心无愧了，也就足够了。无论何时我们都应记住：这世间没有完美，无论人或事，我们能做到的，只有尽量向完美努力，因为这样的生活才会有意义，而不是非得到完美不可。

生活中，有很多人在追求完美，为了这两个字，不惜殚精竭虑，往往在经过一次次的试探后，才发现原来它根本不存在，充其量也只是人们生活中的一个可有可无的点缀品，为之奋斗，总是让他们吃尽了苦头。很多时候，他们总是过后才发觉，为了一个"最完美"，却遭受了自己本不该有的烦恼与痛楚。

完美与梦想不同，因为它太不真实；完美与美酒不同，因为它太无味；完美不像下棋，因为它不能重新来过；完美不像谜，因为它太通俗易懂了；完美不等于完美。

时间不会有完美，而我们能做到的就是在无法悔过的时候去努力，在无法成功的时候去拼搏，在无法忘记的时候去遗忘！

完美，总是让人们那么期待，而这个期待却是没有尽头的，没有结果的，因为世界上根本就没有完美，如果有，也不过是虚幻之中的假设。追求完美的人，注定不堪一击，因为他们从来都没有想过完美是怎样的一种定义。

世间没有完美，任何事物都不例外。认识自我，是不以己之长，比人所短；也不妄自菲薄，顾影自惭。要知道，这世间没有完美，所以，每个人都要快乐地做好不完美的自己。过于刻意地追求完美，只会白白给自己增加更多的伤痛。

人的一生，不可能事事皆尽人意，也不可能事事完美。追求完美固然是一种积极的人生态度，但如果过分追求完美，而又达不到完美，人就一定会变得浮躁。过分追求完美反而会适得其反，变得没有一点完美可言。

"完美"，是一个颇具诱惑力的口号，却也是一个漂亮的陷阱，很多人就是这样一步步跌进"完美"的误区里，只不过这种误区出现时，常常以美丽的面貌向人们招手，以良好的状态开始作为引导，然后被逞强、虚荣所代替，心理上渐渐地磨出了老茧，而自己却还深陷其中，浑然不知。

人人都希望完美，但这只能追求而不能指望。最完美的人在悼词里，最完美的爱情在小说里，最完美的人生在梦想里。

> 一位七旬老人，一生孤独地流浪。
>
> 路人问他："为何不娶妻成家？"
>
> 老人答道："我在寻找完美的女人。"
>
> 路人反问："那么，你流浪这么多年，就没有遇见一个完美的女人？"
>
> 老人悲伤地回答："我曾经遇到一个。"
>
> "那你为什么不娶她？"
>
> 老人无奈地说："因为她也在寻找一个完美的男人。"

这个小故事讲出了一个道理：不管是谁，假使一定要寻找完美，那么，一辈子也寻找不到。世上没有完美的东西，"完美"只是虚构，凡事尽力就好，不要强迫别人或自己做做不到的事。要求越高，失望越大。

世界上根本就没有完美的东西，完美了反而是一种缺陷，有缺陷的东西才真正完美。人生更是如此，没有遗憾的人，并不真正快乐。所以追求完美，其实应该是一种去接近完美的心态。

埃及的狮身人面像，由于拿破仑进军时被炸掉了一块鼻子，每当人们看见它的时候，总会抱着猜想的态度：它的鼻子是什么样子的呢？或许正是因为残缺的鼻子狮身人面像，才会吸引大量的游客。美神维纳斯，也是因为残缺的双臂而闻名于世，不知道有多少著名的雕塑家想修补她，可是他们无论做出怎样的手臂，维纳斯看起来都不如没有手臂的时候顺眼，这就说明了残缺有时也是一种美。

被人们公认的音乐天才贝多芬，年轻时就双耳失聪，上帝似乎也嫉妒这个年轻人，给予了他不公平的待遇，但是贝多芬没有被困难吓倒，双耳失聪反而激励了他，使他创作出了绝世音乐。

面对残缺贝多芬没有退缩，反而勇敢地面对，也正是这残缺创造了一个音乐的天才。因此，残缺有时也是美的。

世界上没有完美的事物，更没有完美的人。可是人似乎生来就有一种追求完美的欲望，从呱呱坠地，在泪水中诞生，我们就发誓要把这哭声转化为获得完美时的欢乐。

看看周围的人们，天天都为了追求完美而不断努力，可是没有一个人觉得够完美了！这种追求就像中了大奖再去买彩票似的，周而复始！

然而，人们却没有静下心来认真想一想，什么事都会像人想的那样美好吗？有好多人在追求完美的同时就已经失去了很多完美所不可缺少的元素。所以，不要刻意地去追求完美。

别让魔镜毁掉理智

很多人小时候都读过《白雪公主》这个童话故事，白雪公主的继母有一面神奇的魔镜，可以知道世界上谁是最美的女人。当这个恶毒的继母知道自己不是最美的女人，而白雪公主最美的时候，她对白雪公主进行了残忍的报复。这就是虚荣心在作祟。

什么是虚荣心

虚荣心是一种表面上追求荣耀、光彩的心理。虚荣心重的人，常常将名利作为支配自己行动的内在动力，总是在乎他人对自己的评价。一旦他人有一点否定自己的意思，便认为自己失去了所谓的自尊而觉得受不了。

虚荣心是对荣誉的一种过分追求，是道德责任感在个人心理上的一种畸形反映，是一种不良的心理品质，其本质是利己主义的情感反映。

每个人多多少少都有点爱慕虚荣，每个人都不喜欢自己在任何方面低人一等，在一定限度的道德与法律范围之内的虚荣心是可以理解的。

可是一个人过分虚荣，往往会从某种个人动机出发，追求一种暂时的、表面的、虚假的效果，甚至弄虚作假，欺诈行骗，完全失去了从行为的社会价值来评价自己行为的能力，其行为目的仅仅在于取得荣誉和引起普遍注意，得到周围人的赞赏和羡慕。

一只雄孔雀的长尾闪耀着金黄和青翠的光芒，任何画家都难以描绘。它生性忌妒，看见其他羽毛华美的鸟就追逐它们。孔雀很爱惜自己的尾巴，在山野栖息的时候，总要先选择搁置尾巴的地方才安身。

一天下雨，雨水打湿了它的尾巴，捕鸟人就要到来，可是它还是珍惜地回顾自己美丽的长尾，不肯飞走，最终被捉住了。

这个故事巧妙地比喻了一些人为了没有意义的虚荣不惜牺牲自己的生命和自由。

当今一种普遍存在的虚荣是对名的"变态"追求,它会使社会形成不务实的浮夸之风,使个人丧失生活的基础,从而陷入钩心斗角之中,因为一个人的虚荣心和另一个人的虚荣心是不能共存的,只有互相伤害。这样的故事古今中外举不胜举。

虚荣貌似看重荣誉,但实际上是对道德荣誉的一种反动。虚荣的人为了表扬才去做好事,对表扬和成功沾沾自喜,甚至不惜弄虚作假。他们对自己的不足想方设法遮掩,不喜欢也不善于取长补短。

虚荣心重的人外强中干,他们不敢向他人袒露自己的心扉,怕给自己带来沉重的心理负担。虚荣在现实中只能满足一时,长期的虚荣会导致不健康因素的滋生。

实际上,虚荣心很强的人的深层心理是心虚。表面的虚荣与内心深处的心虚总是在斗争着。

因此,有虚荣心的人至少受到来自两个方面的心灵折磨,一是没有达到目的之前,为自己的不尽如人意的现状所折磨;二是达到目的之后,被唯恐自己的真相露馅的恐惧所折磨。因此,他们的心灵总是痛苦的,是没有幸福可言的。

如何克服虚荣心

有虚荣心的人为了夸大自己实际的能力,往往采取夸张、隐匿、欺骗、嫉妒,甚至违法的手段来满足自己的虚荣心,其危害于人于己于社会都很大,我们极有必要克服虚荣心。

虚荣心是可以通过自我调适来克服的:

（1）树立正确的人生观

正确理解权力、地位、荣誉的内涵和人格自尊的真正意义，端正自己的价值观与人生观，努力追求真、善、美。

（2）克服攀比心理

要本着清醒的头脑，面对现实，实事求是，从自己的实际出发处理问题，摆脱从众的心理困境，克服盲目攀比的心理。

（3）不过分追求荣誉

过分追求荣誉，显示自己，会使自己的人格扭曲。崇尚高尚的人格可以使虚荣心没有机会抬头。同时，还要正确看待失败与挫折，必须从失败中总结经验，从挫折中悟出真谛，树立正确的荣辱观，塑造健康的人格。

（4）学习良好的社会榜样

从名人传记、名人名言中，从现实生活中，以那些脚踏实地、不图虚名、努力进取的革命领袖、英雄人物、社会名流、学术专家为榜样，努力完善自己的人格，做一个实事求是、不自以为是的人。

（5）对不良的虚荣行为进行自我心理纠偏

如果一个人已出现自夸、说谎、嫉妒等病态行为，可以采用心理训练的方法进行自我纠偏，这种方法源于条件反射的负强化原理。

就是当病态行为已出现或即将出现时，给自己施以一定的惩罚，如用套在手腕上的皮筋弹自己，以起到警示作用。久而久之，虚荣行为就会逐渐消失，但这种方法需要我们有超人的毅力与坚定的信念才能收到效果。

妒火是心灵的炼狱

嫉妒心理的危害

嫉妒心是一种不良的心理，一位名人曾说过，"嫉妒是诸恶德里面最大的恶德"。嫉妒心是青少年学习与生活中的蛀虫，是破坏青少年间友谊与团结的腐蚀剂，其危害性非常大。

（1）不利于进步

它不利于我们学习进步，对人对己都是不利的。本来在学校中刻苦学习、勇于冒尖、敢当先进，这都是青少年学生的优良心理品质，但由于那些嫉贤妒能的人视他们为眼中钉、肉中刺，百般挑剔、极力贬低，使得一些青少年不敢在集体中冒尖。

（2）影响团结

它破坏人际关系，影响团结，削弱集体的凝聚力。一个人深切地嫉妒他人时，可能会不择手段地散布流言、恶语伤人、挑拨离间、打击报复、互相倾轧，从而恶化整个集体的人际关系环境。

（3）增加痛苦

它增加了嫉妒者内心的痛苦。嫉妒者比任何不幸的人更为痛苦，因为别人的幸福和他自己的不幸，都将使他痛苦万分。嫉妒者由于不能正确对待别人的进步与成绩，错误地认为别人的进步就是对自己的贬低，于是，在心理上自然产生一种痛苦的感觉。

这种消极的情绪反应长久下去将对人的身心健康十分不利，会引起多种心理问题与疾病。此外，嫉妒心不仅给嫉妒者造成痛苦与心理失重，同时也给被嫉妒者造成一定的打击。由此可见，嫉妒心是一种极其有害的心理，我们不可等闲视之。

　　有一个人，非常嫉妒他的邻居。他的邻居越是高兴，他越是不高兴；他邻居的生活过得越好，他越是不痛快。他每天都盼望他的邻居倒霉，或盼望邻居家着火，或盼望邻居得什么不治之症，或盼望下雨天雷能劈死邻居家一两个人，或盼望邻居的儿子夭折……

　　然而每次他看到邻居时，邻居总是活得好好的，并且微笑着和他打招呼，这时他的心里就更加不痛快，恨不得往邻居的院里扔包炸药，把邻居炸死……

　　就这样，他每天折磨自己，身体日渐消瘦，胸中就像有一块石头堵得慌，吃不下也睡不着。

　　终于有一天，他决定给他的邻居制造点晦气，这天晚上他在花圈店里买了一个花圈，偷偷地给邻居家送去。

　　当他走到邻居家门口时，听到里面有人在哭，此时邻居正好从屋里走出来，看到他送来一个花圈，忙说："这么快就过来了，谢谢！谢谢！"

　　原来邻居的父亲刚刚去世。这人顿觉无趣，"嗯"了两声，便走了出来。

　　这个故事中的那个人就是出于嫉妒，把自己置于一种心灵的地狱之中，折磨自己，但折磨来折磨去，却一无所得。

　　嫉妒是心灵的地狱。嫉妒的人总是拿别人的优点来折磨自己。别人学习好他嫉妒，别人长相好他嫉妒，别人身材高他嫉妒，别人风度潇洒他嫉妒，别人有才华他嫉妒，别人富有他嫉妒，别人当上干部他嫉妒……

德国有一句谚语："好嫉妒的人会因为邻居的身体发福而越发憔悴。"所以，好嫉妒的人总是在40岁时脸上就写满50岁的沧桑。

克服嫉妒心理的方法

要克服嫉妒心理，可以从以下几个方面着手：

（1）客观认识自我和他人

每个人都有优势和不足，既要看到自己的长处，同时也要正视自己的缺点，学会扬长避短，发掘并开拓自己的潜能，不断提高自己，力求改善现状，开创新局面。同时，要善于发现他人的优点，乐于接受他人，与人为善，并以此作为人际关系的准则。

（2）克服虚荣心和过分自我的心理倾向

自尊心追求的是真实的荣誉，而虚荣心追求的是虚假的荣誉。对于嫉妒心理来说，要面子、以贬低别人来抬高自己正是一种虚荣和空虚心理的表现。具有嫉妒心理的人往往非常自我，不能客观看待他人的成绩，总把他人当成是自己的威胁，他们只有跳出"过分自我"的圈子，才能摆脱痛苦。

（3）密切交往，加深理解

许多嫉妒心理是由误解产生的。嫉妒者误认为对方的优势会对自己造成损害，从而耿耿于怀。所以，我们要敞开心扉，主动接近朋友，加强心理沟通，避免产生误会，如果已经产生了误会也要及时、妥善地加以消除。

（4）学会公平竞争

竞争应是激励人奋进的过程，而不应该把竞争本身看作目的，太过于看重结果，很容易引发不择手段、破坏规矩的恶性行为。我们要明白凡是竞争总有输赢，不要把目的只放在输赢上，而应该把重点放在过程上，从中发现输或赢的道理，体会竞争的乐趣，保持健康的心态。

（5）树立正确的价值观

一个人只要树立了高尚的价值观，就能做到心胸开阔，摆脱私心杂念，不计较个人得失，更不会去嫉妒他人的成功。一个埋头于自己的事业追求的人是无暇嫉妒的。

（6）培养乐观的人生态度

人生本身就是一个大舞台，每个人都有适合的角色，人最终的快乐就来自于各得其所;要有勇气承认对方有比自己更高明、更优秀的地方，从而重新认识、发现和创造自己。这样就能使自己从病态的自尊心和自卑感中解放出来，从嫉妒的泥潭中走出来。

第三章

调控不良情绪

　　青春期是人生的关键期，除了生理上会有所突变外，心理上的转变对一个人的人生观、价值观也会起到极大的影响。青少年要提高自我心理觉察能力和认知水平，学会自我情绪控制，改善其不适当的情绪行为，提高情商水平，力争"做自己情绪的主人"。

情绪反映内心世界

　　情绪是人类的一种心理现象，是人类对于周围各种物体和现象的一种内心感受。它是人们对于环境和条件，对于工作、学习和生活，对于他们的行为的一种情感体验。

　　人生在世，总要和现实事物发生各种各样的联系，现实事物对人总是具有这样或那样的意义，人对这些事物所抱的态度也总是以带有各种特殊色彩的体验形式表达出来，如高兴、欢乐、愤怒、悲哀、忧愁、不安、苦恼、恐惧、羞耻、紧张、惊异等等。这就是人们通常所说的情绪。

情绪是真实情感反映的窗口

　　情绪是观察一个人对于某人或某事真实情感的窗口。俗话说："眼能传神"，我们常把眼睛比做心灵的窗户。其实，情绪变化不仅在眼神上，而且在各方面都能灵敏地反映出一个人内心的真实情感。

　　由于种种原因，有的人会不肯明确说出自己对某人或某事的态度，或者嘴上说的和内心想的并不一致，甚至完全相反。因此，单纯听一个人口头表白，常常无法准确判断这个人的真实情感。

　　但是情绪就不一样，因为情绪活动能够自动地把人们对于外在世界的印象和体验反映出来。如果某人或某事符合自己的希望和兴趣，就会产生愉快、欢悦和高兴的情绪；反之，则会产生失望、愤怒、沮丧的情绪。

虽然，善于自持的人能够在一定程度上控制情绪的外露，但是，情绪的反应速度往往快于思维的反应速度。对某件事情应该做出何种情绪表示，有时在你的思维还没有来得及反应之前，情绪反应已经将你的爱或恨、喜或怒的真实情感表露出来。

因此，即使是很善于控制情绪的人，人们还是能够从他刚一听说或刚一接触某一事物瞬间的情绪变化，判断出他内心的真实情绪来。

情绪是观察一个人思想觉悟的尺度

情绪活动也是观察一个人思想觉悟的尺度之一。因何而喜，因何而忧，为何而急，为何而怒，这些情绪的变化实际上都是一个人思想觉悟的反映。

你是为国家、集体、人民的利益去喜、去忧；还是仅仅为个人的得失去喜、去忧？在损害集体和人民利益的事情面前，你的情绪是无动于衷，漠然置之；还是满腔愤怒，与之斗争？

在个人受到委屈时，是通情达理，顾全大局；还是牢骚满腹，情绪低落？所有这些情绪活动，都能像照镜子一样把你思想觉悟的程度反映出来。

情绪活动还能反映出一个人的意向

是把热情倾注于祖国的现代化建设事业，还是仅仅倾注于个人的家庭生活？是为了芝麻绿豆大的小事，急得坐立不安，愁得寝食俱废，气得暴跳如雷；还是不为眼前琐事所动，孜孜以求于献身祖国建设、中华腾飞的宏大理想？从这些对不同对象的不同情绪反应中，人们往往能准确地判定你志向的大小。

情绪又能反映一个人的胸怀和度量

胸怀豁达、度量宽宏的人，情绪一般比较平衡，能够容人，善于忍让和克制，心地坦然，忧思愁绪很少。相反，心胸狭窄的人，情绪波动幅度大，一触即发，不能容人，常因一些小事而耿耿于怀，心地偏窄，猜忌多疑，很难和他人融洽相处。

情绪更能够反映出一个人的意志和性格

意志和性格不同的人，对同一事物引起的情绪也是不同的。比如，同样是遇到挫折，意志坚强的人会因此被激发奋斗和拼搏；而意志薄弱的人则可能垂头丧气，一蹶不振。

同样是面对敌人的残暴罪行，勇敢者能激起满腔复仇的怒火，更加鼓舞斗志，战而胜之；怯懦者却被敌人吓破了胆，惊慌失措，逃之夭夭。

情绪还是衡量个人积极性的特征指标

情绪变化反映个人积极性程度的变化，有时会像体温变化反映个人健康情况那样灵敏。一个人积极性高涨时，情绪状态必然好；而他的积极性受到挫伤时，就常常会"闹情绪"，或者闷闷不乐，工作懒散，或者愤愤不平，牢骚怪话一大堆。

当人们谈到一个积极性低落的人时，往往说："某人最近有些闹情绪。"可见，人们常常是从一个人的情绪状态观察其积极性程度的。

总之，情绪是认识和洞察人们内心世界的重要尺度之一，它标志着个性成熟的程度。一个具有良好修养的人，懂得控制和调节情绪的意义，能够自觉而有效地控制和调节自己的情绪。

相反，一个不懂得控制和调节情绪的人，一不满意就闹情绪，成功时就得意忘形，挫折时就一蹶不振，伤心时就大哭大嚎的人，显然是一个缺乏良好修养的人。

情绪缘自认知经验

曹雪芹的传世之作《红楼梦》中曾淋漓尽致地描写了各种笑的情形与姿态：

> 贾母这边说声"请"，刘姥姥便站起身来，高声说道："老刘，老刘，食量大似牛：吃个老母猪，不抬头！"自己却鼓着腮不语。
>
> 众人先还发怔，后来一听，上上下下都哈哈大笑起来。湘云撑不住，一口饭都喷了出来；林黛玉笑岔了气，伏着桌子"哎哟！"
>
> 宝玉早滚到贾母怀里，贾母笑着搂着宝玉叫"心肝"；王夫人笑着用手指着凤姐儿，只说不出话来；薛姨妈也撑不住，口里的茶喷了探春一裙子。
>
> 探春手里的茶碗都扣在迎春身上；惜春离了座位，拉着她的奶母叫揉一揉肠子。地下无一个不弯腰屈背，也有躲出去蹲着笑去的，也有忍着笑上来替她姐妹换衣裳的，独有凤姐鸳鸯二人撑着，还只管让刘姥姥讲下去。

曹雪芹在这一段文字中，生动描绘了人在笑时的各种体态表现。人除了有体态表情外，还有面部表情和声调表情两种形式。面部表情是由眼睛、嘴唇、眼睑和眉毛依不同位置组合决定的。

如高兴时嘴角后伸、上唇提升、两眼闪光，即笑容满面；而愁苦时则眉毛紧皱、眼睑下垂、头部低垂，呼吸缓慢微弱并不时发出叹息声。声调表情是由语言的音调、音量、节奏等传递的。

如悲哀时音调低、言语缓慢、语音高低差别大；愤怒时声大音高且有颤抖等。其实，人千姿百态的表情却又是复杂多变的内在情绪体验的外部表现。

人类究竟有多少种不同的情绪，恐怕谁也说不清楚，但在今天，心理学家更倾向于按情绪的强度和稳定性的不同，将其划分为三种形式：心境、热情、激情。我们的心情为什么时而像平湖秋月那样安静明澈，时而像江河那样奔流澎湃，时而又像暴风骤雨那样猛烈异常？

情绪存在的三种不同状态

原来这就是我们情绪存在的三种不同状态。情绪按复杂性则可分为简单情绪和复杂情绪，如快乐、悲哀和恐惧，是人们最基本的原始情绪状态；而爱和恨则是复杂的情绪，爱包含着柔情和快乐的成分，恨包含着愤怒、厌恶、惧怕等成分。情绪按性质不同，又可分为肯定情绪和否定情绪……

喜、怒、哀、乐，构成了我们生活中的七彩画卷；好强、真诚、焦躁、多情、羞涩，情窦初开的季节里，忽然增加了这么多新的情绪感受，让你激动，也让你烦恼。那么，你是否知道，在我们哭哭笑笑的表情背后，情绪是如何产生的呢？

情绪源自人的认知经验

美国心理学家沙赫特和辛格认为，认识在情绪产生中起决定作用。他们选择了两组大学生进行实验，首先为他们注射能产生情绪反应的肾上腺素，但告诉他们注射的是维生素，想研究维生素对情绪的影响。

随着将一组学生置于能引起快乐反应的情境中，另一组学生则置于愤怒反应的情境中。结果发现，那些处于快乐情境的人认为自己的情绪是快乐的，而处于愤怒情境中的人则认为其情绪是愤怒的。

因为两组学生注射了相同的肾上腺素，所以生理上应产生相似的反应，但实际上两组学生的情绪感受明显不同，因此可以认为是认识不同所带来的结果，即情绪的产生源自于人的认知经验。

情绪源自人对客观事物的评价

你还记得姜昆的相声"虎口遐想"吗？他讲述了这样的故事：星期日一青工到动物园看老虎，不小心掉入虎池，面对近在眼前的老虎，再也没有了远处观赏时的悠闲与愉快，也没有了拨开人群仔细观看的渴望，在特殊的条件下，全没了观赏的兴致，唯恐避之不及，剩下的只有恐惧了。

为什么会有这样截然不同的变化呢？这就是因为人对老虎的认识发生了变化。跌入虎池后，老虎不再是供人观赏的动物，而成了吃人的野兽，这种对老虎评价的改变，则产生出了前后各异的情绪，所以说，情绪源自人对客观事物的评价。

不良情绪影响身心健康

花季里的少男少女本是人们羡慕的一群，但是，从他们的自身而言，他们所体验到的并不都是美丽的故事，内心深处那丝丝忧虑、串串烦恼也在暗暗滋生。有的人因学习疲劳而不安，有的人因生活空虚而冷漠，有的人因交友挫折而沮丧……

　　周颖知道自己上了这所市里的重点高中是多么的不容易。她因差三分而落榜，后来父亲东挪西借交了一万元钱让她念了自费。为了父母的嘱托，也为了她自己的未来，她要比周围的人刻苦得多。

　　课间、午休、自习……一切可以利用的时间她都用来钻研功课，可是，几次考试的结果并不理想，这样的成绩真使好强的她难以承受，她，变得消沉了。

刘强这几天苦恼极了，不知怎么的，原先很光滑的脸上现在忽如雨后春笋般地冒出了许多"小痘痘"。为了除去这些"非法建筑"，刘强也想了许多办法，也买了价格不低的电视广告宣传的化妆品。

可是，这些"小痘痘"依然顽固不化，难以消除。刘强真的有些不愿见人了，尤其有一次仿佛还听见班级里的女生似乎在议论他什么，他觉得更无地自容了，原先自信的他现在倒因此有些自卑了。

　　班级里新转来一名男生，当他走进教室的一刹那，萧兰就觉得眼前一亮，他太像郭富城了。发型、五官、姿态，简直是郭富城的翻版。而郭富城正是萧兰心目中的偶像呀。

　　从此，她便注意到了这个男生，不管什么时候，只要这个男生在场，她就觉得脸红心热，而不在场的时候，她又有些神不守舍。有几天晚上她还梦见了他，她对自己的行为有些不解，难道自己爱上他了吗？

如果这类不安、冷漠、沮丧、焦虑，以及忧郁等情绪持续的时间不长，很快就消失，这是正常的现象；如果这类消极的情绪持续的时间较长，乃至出现周期性的反复，而且影响到自己的感知、记忆、思维和行动，那么可能处于轻微的情绪失调状态。

相对于神经病与精神病来说，这种情绪失调是轻微的。我们都可能经历暂时的轻微的情绪失调的体验，一般说来，这是一种正常的体验，不会出现任何变态的行为。

但是，我们对这些不良情绪状态应有一个清醒的认识，并懂得一些摆脱不良情绪束缚的方法，否则，则会影响我们的身心健康发展，甚至诱发一些不该发生的悲剧。

不良情绪的产生因素

细究起来，这种不良情绪的产生可以归结为以下几方面的因素：

（1）家庭因素

心理学研究表明，父母教养子女的态度如果过于严厉，则孩子易养成固执难改的脾气。一种抵触情绪的产生往往是潜移默化的，但它对人一生的影响却是很大的，这种影响从诸多小事中体现出来。

（2）社会因素

刚步入社会的青年，性格可塑性极大。如若生性敏感，再受到若干不公正待遇，则会因逆反心理而"想不开"。社会环境，往往成了许多青年难以解脱的心理失调的诱发因素。

（3）心理因素

部分青年因为拥有别人难以企及的家庭背景、社会地位、经济条件、学识文凭，便会产生自恃清高的骄傲。这种自以为是的心理往往经不起任何打击和挫折，稍遇麻烦即同死结一般无法打开，更谈不上解脱。

生理因素一个人的神经活动特征，如果其兴奋性大大超过抑制性，那么他便易于冲动，逞强好斗，且又难以转移。具有这种神经活动特性的年轻人，很容易养成犟脾气，明知这种愤怒、忧伤、烦躁于己于人均无益，却偏偏要往这个陷阱和误区里钻。

著名心理学家戈特认为从儿童期进入青春期，给青年的心理会带来强烈的瞬间多变的情绪特色。处于这种"疾风怒涛期"的青年，由于自身知识结构、自我意识和自我修养都很有限，对各种社会问题认识仍处于从幼稚向成熟的过渡期，因而容易产生无法从困境中解脱的性格弱点。

解除不良情绪的方法

无论从哪些方面说，陷入一种极端的情绪而不能解脱，对于人的身心健康的伤害都是极大的。"人非草木、孰能无情"，现实中处处充满矛盾，对待这些矛盾的态度势必直接影响人的七情六欲。

实际上，愤怒、忧伤、烦躁等是不可避免的，可以避免的是它们所造成的身心上的伤害。

以下四种方法简单有效，统称"转移刺激法"，主要原则就是在大脑中某个兴奋灶较强时，另外建立新的兴奋灶以抵消或冲淡原来的优势兴奋中心。这是引导你尽快从困境中解脱的妙法，你不妨试一试。

（1）假设法

你正处于绝境之中，四周的黑暗层层压来，使你透不过来气，你几乎绝望了。请你假想一下绝境之后的你。

（2）幽默法

洒脱些，只要面对困境能从心里坦然处之，淡然一笑，你很快会摆脱被动状态，具有较佳情绪。

（3）问题法

在莫名的烦躁和焦虑之中，建议你给自己设一个"问题情境"，即做一些自己渴求解答的问题。这样你的兴趣便会从焦躁不安转为安静平和了。

（4）自怜法

在遭遇不幸的时候，一些自我照顾的行为对于在痛苦的情绪中解脱很有帮助。例如临睡前洗个热水澡；把餐桌布置得漂亮些，即使一个人吃饭也是这样；天气好时在外边晒太阳；买一束鲜花……

有意识地调节不良情绪

成长中的青少年，也许此时正在体验着成长中的各种烦恼。你也许因生理上的变化而疑惑，也许因身体上的缺憾而自卑，也许因学习成绩不佳而消沉，也许因控制不住激情而愤怒，也许因朦胧的恋情而彷徨，也许因不当的交往而忧伤，也许有更多不良的心理特点让你郁郁不乐，心情不舒畅，苦闷、压抑，什么都不想做。

可是，也有的中小学生乱给自己扣了焦虑、抑郁等不良情绪的大帽子，而实际上，他们的反应在当时或许是正常的。因而对不良情绪的特点，我们首先要有一个正确的认识。

初二（2）班有位名叫沉香的小姑娘，全校同学都认识她。可是。没有一个同学叫她的名字，都亲切地称呼她为"快乐的小山雀"。但是，妈妈却说沉香并非一直是这样。小时候她非常爱生气，有时因为一点不顺心的事就哭得没完没了。她上小学四年级的那个端午节，妈妈精心制作了两只小荷包，一只红的、一只绿的，好看极了。

妹妹先拿走了一只红色的荷包，给她留下一只绿的。为此，沉香大哭大闹，直到晚间妈妈又给她做了一只大红荷包才算罢休。有一次老师发教材，沉香发现自己的书皮上有褶，为这事她哭了一个中午，最后老师不得不给换了一本新书。

事后，她不好意思地向老师道歉说："我也不愿这样，可就是控制不住这爱生气的毛病，您说我该怎么办呢？"老师想了想，从书架上拿出了一本书递给了小沉香，"看看这本书吧，你会从中找到答案的。"

这是一本适合小学生阅读的心理学画册，里面有许多生动的例子，也有克服各种烦恼的有趣的方法。小沉香渐渐地迷上了这本书，在以后的课外阅读中，她也有意识地翻阅一些这方面的材料，并形成了一套自己的"快乐秘方"。

生活中不管出现了什么事，她都用这些"快乐秘方"来处理，就这样，她渐渐变得不再爱生气了，烦恼也少了，成了"快乐的小山雀"。你想知道小沉香的"快乐秘方"吗？

青少年不良情绪的特点

纵观中小学生的不良情绪反应，我们就会看到其中的几个主要特点：

（1）情境相同，情绪反应不同

这也就是我们常说的喜怒无常。正常人的情绪反应应随情况的不同而有所变化，比如考试考得好而喜，考不好而愁。但有些学生却对相同的情境产生了不同的反应，如同样是对别人的友好表示，他一会儿表示欣喜接受，一会儿又愤然拒绝，这就不正常了。

（2）情境不同，情绪反应相同

有的人不管周围环境如何变换，他都不变地表现出某种情绪，这也是不正常的。这种不良情绪反应在学生中有两种突出的表现。

首先是情绪淡漠，这些人对周围的一切都不感兴趣，不管发生什么事，他一概漠然处之；其次是持续性紧张焦虑，有的人因学习的压力或就业的压力过重，长期处于焦虑紧张状态，情绪得不到放松和缓解，殊不知，这正是一些心理问题产生的根源。

青少年对不良情绪的调节

对自己的情绪状态有所了解后，就该找一些调节的办法了。让我们还是看看"小山雀"抄在日记本上的"快乐秘诀"吧！

（1）不追求名利

不要把对物质和名利的追求当作人生主要目的，这是摆脱精神苦恼的重要前提。生活如果仅仅是为了满足自己的欲望，为了物质、金钱、享乐，那就会陷入永难满足的苦恼之中。

（2）不搬弄是非

不要在同学之间搬弄是非，散布流言蜚语，制造人为的冷空气，把自己卷进不光彩的纠纷之中，那只会带来烦恼。

（3）不要无端地怀疑别人

社会是复杂的，太幼稚、太天真就可能吃亏上当；但因此就无缘无故地胡乱猜疑、疑神疑鬼，无根据地怀疑别人暗中盘算自己，不但会给自己凭空增添许多烦恼，而且还会妨碍同学间的感情和友谊。

（4）不再对他人如何评价自己过于敏感

一个人真正应当关心的是自己怎样做人，而不在于他人怎样看待自己。有人为得不到别人夸奖而苦恼，可是你何必一定要别人夸奖你呢？难道别人夸奖你几句就不一样了吗？不如认认真真地去干自己的事。有的人因为受了别人几次批评、几句讥讽而深感苦恼，然而这只能说明你虚荣心过重，而不是表明你对自己的珍重。

（5）把你的烦恼的记下来，分析处理

比如是一件必须加以抉择的事，你不妨把正面和反面的理由都写下来，然后考虑怎样处理为好，如果这样发生我便这样去做，如果那样发生我便那样去做。如有可能立即付诸实践，决不拖延。

（6）不要回避可能使你烦恼的事情

正视烦恼之事，平心静气地去考虑，积极努力地去解决，对所能预料的事，确定一个切实可行的解决方案，对不能预料的事，做好思想准备，以饱满热情和充分信心去迎接它。

其实"小山雀"的"秘诀"也没有什么神秘之处，许多青少年朋友也明白这些道理，可仍是烦恼丛生，为什么呢？"小山雀"快乐的关键是明白这些道理后照着它在生活中做了而已。

情绪健康身体才能健康

情绪活动不仅是一种心理活动，同时还是一种生理活动。实际上，情绪上的每一变化，几乎都能同时引起生理上的变化。

比如：人们在情绪变化时，首先会引起面部肌肉的变化，表现为欢乐时，眉开眼笑；哭泣时，眼部肌肉收缩；悲哀时，眼、嘴下垂；愤怒时，眼、嘴张大，毛发竖起；盛怒时横眉张目，咬牙切齿；困窘和羞愧时，面红耳赤；突然震惊时，面色苍白。

伍子胥是我国春秋时代吴国的大夫。他被任命为吴国大夫之前曾受到楚平王的追捕。伍子胥只好白天躲藏，晚上逃跑。一天，他终于来到了吴楚两国交界的昭关。

关上的官吏盘查得很紧，城门上还挂着楚平王悬赏捉拿伍子胥的告示和伍子胥的画像。如果逃出关，伍子胥就会摆脱追捕，否则就危在旦夕。

伍子胥十分焦急、忧愁，一连几夜也睡不着觉，传说他愁得连头发都变白了。真是：愁一愁，白了头！情绪对人的健康竟有这样大的作用。

情绪上的变化也会带来内脏器官活动的变化。如在发怒或突然震惊时，呼吸加快而短促，心跳加速，血压升高，血糖增加，血液含氧量也增加。

腺体和内分泌腺也会随着情绪的变化而变化。忧郁或焦虑时，会抑制胃肠蠕动和消化液的分泌；盛怒时，食欲锐减；激烈紧张的情绪状态则能刺激内分泌腺，使肾上腺素活性物质的分泌大量增加。

可以说，从肌肉、血管、内脏及内分泌腺，几乎人的生理的每一个重要部位，都会因情绪的变化而发生变化。当某种强烈情绪突然爆发时，虽然你自己可能意识不到，但在你的机体内部已做了一次周身运动，运动的强度甚至不亚于一次激烈的体育活动。

既然情绪的变化必然同时带来生理上的变化，一个人的情绪状况会影响他的健康状况，也就是理所当然的了。对于人体疾病，人们通常只习惯于认为仅仅是病菌、病毒以及有害的化学物质造成的，而忽视了精神因素的作用。或者只承认精神病与精神因素的关系，而躯体疾病似乎就是另一回事了。

其实，多数身体疾病，都是有其心理病源的。精神因素不仅能造成精神疾病，而且也能导致机体疾病，早在2000多年前，我们的祖先就提出来了。如《内经·素问》中就谈道："余知百病之生气于气也，怒则气上，喜则气缓，悲则气消，恐则气下……"

又说："怒伤肝""喜伤心""思伤脾""忧伤肺""恐伤肾"。因此，情绪的变化能够影响内脏活动和内分泌腺的活动，这就不难理解了。不愉快的情绪，可使内脏活动和内分泌活动出现不同程度的失常。胃是最能表现情绪变化的器官之一。

称心如意时，胃口就好；不如意时，会感到胃口不佳。遇有喜事，胃口很快就恢复。因情绪困扰而导致结肠发病的情形也很多，如"神经性结肠炎""痉挛结肠炎""结肠过敏"等，其实都是"情绪结肠病"的病症而已。

紧张、恐惧、忧虑、愤怒等情绪都可能引起血压升高。尤其在愤怒的状态下，血压升高得更加明显。如果能及时把愤怒情绪发泄出来，情绪松弛了，血压也会跟着降下来。

　　但如果愤怒的情绪受到压抑，不能发泄出来，情绪上的紧张状态就不能得以松弛，血压也就一直保持较高的水平。时间长了，会引起一系列的血压调节机制的阻碍，造成高血压。

　　情绪的压抑与冠心病也有关系。有人发现，有些冠心病人往往性情急躁，容易激动，好与人争，并且可能引起神经内分泌的变化，造成血液中胆固醇升高，凝固时间缩短，一些脂肪类物质沉积于心脏的冠状动脉管壁，最终导致冠心病。

　　临床上还发现不少癌症病人都有长期不正常的精神状态，特别是有严重的精神创伤、精神过度紧张和情绪过度抑郁的历史。1935年，美国的医生帕斯就曾对癌症和精神因素的关系进行过系统的研究，著有《癌症的心理生物学》一书。

　　他认为，那些总觉得自己无所依靠，事事无能为力，自己饱受悲观、绝望和低落情绪折磨的人，是最容易罹患癌症的。

　　由于生气、愤怒、绝望、悲观、焦虑、忧愁、惊惧以及其他情绪上的震动，而导致和加重种种疾病，临床上已是屡见不鲜了。因此，控制和调节情绪，防止和避免不良情绪的侵蚀和伤害，是预防疾病的重要途径之一。

　　只有努力保持情绪上的健康，才能更好地达到身体的健康。美国医生辛德勒根据他历年行医的经验，曾专门写过一本题为《天天都过好日子》的书，作者认为："每一个人体内都有人所共知的最有助于身体健康的力量——就是良好的情绪力量。"

　　他告诉人们，只要善于控制情绪，一些久治不愈的慢性病多半可以根除。良好的情绪，饱满的精神状态，既能帮助已患疾病的人早日康复，也能帮助健康的人抵制疾病的侵袭，起到防病的作用。

俗话说的"笑一笑，十年少"，极其生动地描述了良好的情绪活动与人体健康的关系。精神愉快，思想开朗，乐观豁达，是健康长寿的重要因素，也是人们心理卫生以至生理卫生的重要一环。

调控情绪，改变喜怒无常

文洁，一个情绪化的女孩，正在读高中二年级。她是一个爱做梦的女孩，她最大的一个梦想是长大以后当一名出色的法官，她常常在照镜子的时候想象自己穿上法官袍的模样。为了实现自己的梦想，文洁也一直在努力着，但现实却似乎不像她的梦想那么美丽。

首先，文洁的学习基础并不好，遇到困难的时候还时常想入非非，所以，她的学习成绩不稳定，大起大落，这次正数，下次便倒数。

其次，更不稳定的是她的情绪，她的情感变化就像急荡起来的秋千，时喜时悲。文洁有时真想歇斯底里地大吼大叫，发泄出心中的郁闷。虽然外表看来，她极其活泼，但内心却又不肯接纳"任何人"。

一次，一位女生亲昵地拍了她一下，她心里竟骂她"魔鬼""女妖怪"，责怪人家不该烦她。但文洁却又极渴望有人走进她的内心，了解她、理解她……

就这样，她做什么都似乎特别情绪化。高兴时学习效率很高，情绪消极时，又什么也不想做。同周围同学、朋友、亲人交往也一样，高兴时搭理，不高兴时则目中无人了。文洁也常常自问：我这是怎么了？

处在多风多雨时节的少男少女，或多或少都有过类似文洁的经历。可以说，情绪的波动、感情的骚动无不时刻震颤着每一位进入青春期的年轻的心，情绪动荡、热情而又富有依赖性，很容易对周围的人与事产生深刻与浓烈的体验。

激情占据着年轻的心灵，遇事好激动，情感走极端，或冷或热，或爱或恨，很不稳定。在此时，也有的年轻朋友因不善于控制和调节自己的情绪，而产生了一定的心理冲突和困惑。

他们时常大喜、大怒或大悲，急躁，做事不分青红皂白，不顾及结果，自卑、孤独、灰心，学习效率下降。

乐观、向上的情绪对我们的身心发展是有益的，消极的情绪应该注意克服、控制，这样才不至于"情绪秋千"急荡，引发本不应该发生的心理问题。下面的一些做法相信会对有此方面困惑的青年朋友有所帮助。

自我鼓励法

也就是用生活中的哲理或某些明智的思想来安慰自己，鼓励自己同痛苦和逆境进行斗争。自我鼓励是人们精神活动的动力源泉之一，一个人在痛苦、打击和逆境面前，只要能够有效地进行自我鼓励，他就会感到力量，就能在痛苦中振作起来。

语言暗示法

当你为不良情绪所压抑的时候，可以通过言语暗示作用，来调整和放松心理上的紧张状态，使不良情绪得到缓解。比如，你在发怒时，可以用言词暗示自己"不要发怒""发怒会把事情办坏的"；陷入忧愁时，提醒自己"忧愁没有用，于事无益，还是面对现实，想想办法吧"等等。

在松弛平静、排除杂念、专心致志的情况下，进行这种自我暗示，对情绪的好转将大有益处。

请人引导法

有时候，不良情绪光靠自己独自调节还不够，还需要借助于别人的疏导。心理学研究认为，人的心理处于压抑的时候，应当允许有节制地发泄，把闷在心里的一些苦恼倾倒出来。因此，当青年人有了苦闷的时候，可以主动找亲人、朋友诉说内心的忧愁，以摆脱不良情绪的控制。

环境调节法

环境对人的情绪、情感同样起着重要的影响和制约作用。素雅整洁的房间，光线明亮、颜色柔和的环境，不会带来憋气和不快的情绪。因此，改变环境，也能起到调节情绪的作用。当你在受到不良情绪压抑时，不妨到外面走走，看看大自然的美景。

目标定位法

这可以说也是保持良好情绪、克服消极情绪所需的一个基础。心中需要立下一个目标，其实也就是要有一个理想。

比如文洁的理想是日后要做一名出色的法官。但仅有此远大理想是不够的，她应该把这一目标继续分散成每一个逐渐完成的小目标，再按部就班地调整好自己的情绪去完成它、实现它。

比如文洁起码要考虑以下问题：作为一名法官应该具备哪些素质？应该在哪方面有目的地锻炼自己？不能控制好自己的情绪能做

一个好法官吗？……

把问题想得越明白，我们所面对的具体做法也会逐渐清晰起来。这时，再把这种方法与其他方法综合加以运用，那么你就会成为自己的主人，不会再因情绪左右摇摆而苦恼。

及时调整忧郁的情绪

许林的消极心境的来源可追溯到高中。高一时，许林的班主任老师托许父办一件私事，但遭到了许父的拒绝。此后，班主任便伺机对许林进行报复，在很多事情上故意刁难他。

当许林取得优异学习成绩时，班主任便在课堂上点名批评他骄傲自大，目中无人等等；当他未取得好成绩时，班主任又在课堂上点名批评他学习态度不端正，放任自流等等。

更有甚者，班主任还唆使其他教师一起整许林，唆使班上的同学不与他来往，每当班上丢什么东西，其班主任就在课堂上点名质问他，同时还到处宣扬许林与女生有关系，作风不好，手脚不干净等等。

由于班主任的行为，许林在高中成了一只"孤雁"，几乎没有同学、朋友与他来往，他感到十分苦闷和沮丧，但又无处诉说，精神上感到很压抑。整个高中时代，他所想的只是一件事。考上大学，离开这个鬼地方！

在今年的高考中，许林终于如愿以偿了。但是，由于他在高中长期被孤立，养成了孤僻、多疑的性格，这使他对大学生活的适应上出现了障碍。

又加上功课很紧，近日来，他更是感到忧心忡忡，情绪低落，心情甚为苦闷，不知如何是好，有时甚至想到用自杀来解决这一切。在辅导员的建议下，他敲开了心理咨询室的大门。

以往认为忧郁症是中老年人罹患的疾病，但近年来发现，年轻人也并不少见。失眠、疲乏、注意力不集中、沮丧、萎靡不振直到有自杀念头，甚而最终自杀，都是忧郁症的表现。

患了忧郁症应找医生诊治。但是，如果自觉近日情绪有些不佳，也可以试一试以下方法：

多参加活动

忧郁者必定懒散不思动，所以应该活动。把每天起床到熄灯前要做之事写下来，不论吃饭、洗漱、上学、娱乐均一一列出，如果事情较复杂，则可分解为几个小的步骤。

要记住，等到有想做的念头才做是错的，而应先做起来，才有可能做下去，因为忧郁者永远不会有想做什么的念头。

娱乐不可以缺乏，与朋友一起娱乐更有好处。忧郁者通常停止一切娱乐，这是忧郁更严重的原因。研究也证明，人们的行为决定人的情绪，整天不苟言笑，情绪也必定受到影响而处于低落状态。

所以，提议忧郁者走路不要拖拉着足底，应步伐轻快；不要低头缩颈，而要昂首挺胸；不要愁眉苦脸，而要笑口常开，甚至先假笑也能促发真笑的到来！

帮助别人有利健康

心理学家认为，一个人在帮助他人时会感到自我的价值。同时帮助他人必定与人接触，也是对抗忧郁的办法，因为忧郁者总是与社会隔离，与他人极少往来的。

运动有益躯体健康

运动不仅有益躯体健康，也有利于心理健康。用不着剧烈运动，只要比一般行走稍快一些的轻快步伐就有心理安抚功效。此外，慢跑步、骑自行车、游泳也都能增强自信，改善情绪，有提高活力的作用。这些都是忧郁者极为需要的。每周坚持体育运动3~4次，每次历时20分钟即可收效。

振奋精神

忧郁者要避免黑色和深蓝色服装及环境，多接触鲜艳色彩，有振奋精神作用。

音乐可改变心情

要是你想排除忧郁，先听使人忧郁的曲子，随后逐渐改变乐曲直到与你所需要的情绪相似的曲调，不要一开始就找欢快的曲调。

饮食疗法

忧郁者不能光靠喝含咖啡因的饮料来振奋精神，这是饮得越多越使人忧郁焦虑的物品。倒是吃蛋白质食物如贝壳类、鱼、鸡、瘦肉，可以使人振奋起来，少量即有效果。

亮光有抵抗忧郁的作用

不论蓝灯还是白灯都有好处。不须在阳光下曝晒，只要多在户外活动；室内保持充分亮光就有作用。

以上措施以二周为限，如未见效则应求医治疗，不可延迟。

让孩子学会控制情绪

心理学家认为，凡情商较高者皆善于控制自己的情绪，任何时候都能做到头脑冷静，行为理智，抑制感情的冲动，克制急切的欲望。及时化解和排除自己的不良情绪，使自己始终保持良好的心境，从而保持心理健康。

对此，家长教育孩子学会控制情绪，这对他们未来的人生无疑十分重要。

保持乐观向上的心境

控制情绪的能力是情商的重要内涵之一，这种能力可以及时摆脱消极情绪，保持乐观向上的心境。幼儿时期是情绪智力的黄金发展期，帮助孩子形成初步的情绪调控能力是对孩子进行情商教育的目标之一，也是对孩子情感教育的重要内容。

一般来说，脾气是天生的，不管是孩子，还是年过花甲的老人，无一例外都会有自己的脾气。但是，每个人都应学会控制自己的情绪，如果不会控制自己的坏脾气，那么在人生道路上便会多出很多麻烦，就会伤害朋友，破坏感情，甚至更糟。教育专家建议，家长应教育孩子从小就学会控制自己的情绪。

美国前总统艾森豪威尔在10岁时曾发生了一件让他记忆一辈子的事情。那一年，他父母让他的两个哥哥在圣诞节前去远足，却说什么也不同意他去。

艾森豪威尔感到十分愤怒，他冲到屋外，捏紧拳头在苹果树上猛击。他一面哭一面打，双拳血肉模糊都没感觉到。任何人的劝说，他都听不进去。最后，艾森豪威尔被父亲强行拖回家中，然而，父亲并没有因此而呵斥他。

后来，母亲一声不吭地进来给他涂止痛药，并扎上绷带，但是，母亲始终也没有说一句话安慰他。于是，又恨又怒的艾森豪威尔又倒在床上大哭了一个小时。

直至他心态平和后，母亲才进来对他说："能控制自己情绪的人要比能拿下一座城市的人更伟大。发怒是自我毁伤，是毫无用处的，需要好好克服。"

就这样，母亲对他所说的话就深深地印在了艾森豪威尔的心中。在他年老时，艾森豪威尔一回想起10岁时母亲对他说的话，他就觉得母亲那次对自己的谈话是这一辈子最值得珍惜的谈话。

任何人遇事不如意或遭遇突发事件时，都会表现出情绪不稳定情绪，但是孩子往往会表现得更加夸张，或者是大喜大悲，或者是做事不顾后果，容易冲动。而善于自我管理的孩子就知道情绪是怎么回事，情绪的体验是什么，更知道如何去释放自己的情绪。

在生活中，有的孩子一生气就喜欢骂人，说脏话。他们虽然知道骂人、说脏话是不对的，每次骂人、说脏话以后也常常后悔，但是由于已经习以为常，所以总无法控制住。

针对这种情况，父母要教育孩子正确对待与他人的摩擦。许多孩子的骂人其实是对自己受到伤害的一种情感宣泄。例如：东西被他人偷走，自己被他人踩了一脚等。父母应教会孩子如何抒发自己的情绪，并让孩子用宽容的心对等他人的过失。

如何控制孩子的情绪

孩子在发脾气时，家长不要乱了手脚，应该心平气和地告诉孩子，你可以生气，但是不可以伤害别人或者做伤害自己的事，把孩子带出那种一触即发的环境，并试着分散他的注意力。

假如父母的心平气和还是化解不了孩子的怨气，孩子仍然执意要发脾气的话，建议暂时不要理睬孩子，站在孩子附近，但是不要介入，让你的孩子明白你不会被他的怒气所控制。

如果孩子的怒气不是来自家长，那家长就可以教孩子一些消除压力和怒气的办法。比如到操场去打篮球、扔东西和小狗小猫玩等，以转移孩子的注意力。另外，耐心的开导也会收到良好的效果。

孩子易怒与父母的脾气也有一定的联系，专家建议，父母要充满幽默感，放弃那种想要全面控制孩子的冲动，当然，也可以制订一些条规，比如：不许大喊大叫、不许用暴力、不许说侮辱人的话等。

若违反条规，则做出相应的惩罚。比如取消原本安排好的外出游玩计划，减少孩子的零花钱等。

父母只要帮助孩子学会如何控制自己的情绪，孩子才能逐步纠正发火、骂人、说脏话的不良习惯。当然，让孩子学会控制自己的情绪，父母需要帮助孩子找到适当的宣泄方法。

如鼓励孩子把不高兴、不愉快的事件告诉父母或其他人，以缓解心中的不快；教孩子不要轻易流露自己的情绪，激动的时候应该在心中默数"一、二、三"；鼓励孩子自我隔离来达到冷静；培养孩子乐观的性格和幽默感等。

注意克服心理疲劳现象

　　郝静虽然当初高考失利，不得已在一家工厂做了工人，但这并没泯灭她继续求学的愿望。今年初，尽管父母反对，她还是报了自考大专。

　　但是，边工作边学习和在学校中脱产学习就是有区别。在工厂，由于她为人正直，对工作负责，看不惯厂领导腐化堕落的行为，因此和领导的关系紧张。

　　在家里，父母都是普通工人，工资微薄，家里的收入一直是入不敷出。这回郝静读书又得交一笔钱，因此二位老人很不满意，尤其是郝母总是唠唠叨叨，说女孩子二十多了找个人嫁了算了，还读什么书。

　　郝静满腹的痛苦和委屈，又难以向人提起。自考大专马上就要考试了，可是她却感到精神疲乏，心里烦躁，周身无力，无法集中注意力，拿起书来，几天看不了一页，学习效率低得可怕。身心疲惫的她现在真的不知做什么才好。

　　疲劳是指人们由长时间的脑力和体力活动，使机体活动减弱，工作能力下降的一种现象。它有生理方面的原因，也有心理方面的原因。如人的肌肉、神经组织、心、肺、内分泌腺等系统的生理机能在工作中相应地发生一系列变化，并随着工作时间的延长而加剧，使人感到劳累，这是生理疲劳。

而劳动者的情绪、态度等如同生理机能变化一样，对疲劳的产生以及消失具有很大影响，这种影响有时会超过生理机能的作用。比如，有的同学在完成一项学习任务后，感到精疲力竭，不想动弹，但听说要进行一场篮球赛，马上就会来劲。

有的同学正在津津有味地干着他所感兴趣的工作，突然受到家长或老师的无端指责或被强迫去干其他工作，情绪一落千丈，就再也鼓不起劲来。

生理疲劳和心理疲劳

一般情况下，生理疲劳可表现为整个有机体力量的自然减弱，也可以表现为个别器官活动减弱。如一天的繁重学习、工作使人全身疲劳，长时间看书使眼睛酸痛发胀。而心理疲劳则使整个机体能量降低。

生理疲劳主要由于机体缺乏必要的能量或是体内积存的如乳酸之类有害物质过多等原因引起，需要通过补充能量和休息才能恢复正常状态。

心理疲劳则既可由生理疲劳引起，也可由心理因素引起，而且主要是心理方面的原因。消除心理疲劳，主要通过心理调节。

生理疲劳主要发生在活动之中或活动之后，而心理疲劳可产生于生理疲劳到来之前，甚至发生在活动之前或活动之初，如有的人拿起书看不上几分钟就想睡觉，有的人一听要学习就无精打采。

生理疲劳的到来，机体有一种酸软的感觉，而心理疲劳的产生则有厌倦、烦躁的表现。人们一般所体验的疲劳，既包括生理疲劳，也包括心理疲劳。

正常的学习、工作活动如使人感到疲乏，但并没有达到生理极限，通过心理方面的努力，通常还可以挖掘大量潜力。

心理疲劳产生的原因

不少心理学家都认为，一般的工作能量的释放，并不像水库里蓄满的水，打开闸门就自己流出来，而是像从井里往高处抽水，就这需要有一定动力，动力充足，扬程就高，水流量就大。人的情绪、兴趣等心理因素，在很大程度上对人的工作能量释放起着动力作用。

心理疲劳的产生主要有如下几方面原因：

（1）对事物缺乏足够的认识，缺乏兴趣。

（2）由于某种原因，使人心情忧郁，情绪低落。

（3）长期处于紧张应激状态，刺激能量超过神经系统的兴奋水平，使机体无力承受。

（4）长期从事单调、重复、枯燥的活动，产生心理饱和。从根本上看，心理疲劳的产生是由于大脑皮层受抑制的缘故。

消除心理疲劳的方法

由此可知，要消除心理疲劳就必须维持大脑神经细胞应有的兴奋，可从如下几方面着手：

（1）明确活动目的

无论从事什么活动，首先要弄清活动目的，并确立行动的小目标，这样能了解自己的活动成效，使自己不断获得激励，以便维持较高的兴奋水平。

心理学家做过一个实验：将一批被试者分为三组，分别沿三条路步行，目的地是十里外的一个村子。第一组不知道此行的目的地和行程远近，只跟着向导走。

走了两三里就开始有人叫苦，走到一半时大多数人都抱怨为什么要大家走这么远，何时才能走到。越往后情绪越低落，有的人干脆躺倒不愿再往前走了。

第二组知道目的地有十公里，但公路边没有里程碑。走到一半时，开始有人叫苦，以后虽然部分人情绪较低，但当向导告知目的地快到时，大家的情绪又振作起来了。

第三组不仅知道道路里程远近，而且路边有里程碑，使人知道走了多少路，还有多少路，虽然大家都感到疲乏，但情绪一直很饱满而且越来越高，最后几里路，速度反而加快了。这个实验充分证明了目的、目标明确与否对心理疲劳的影响极大。

（2）培养活动兴趣

心理学家告诉我们：兴趣的形成与大脑皮层上的强烈兴奋相联系，并伴有愉快、喜悦的积极情绪体验。而心理疲劳的产生正是因为大脑皮层抑制和消极的情绪引起的。

兴趣的培养是克服心理疲劳的关键。如果工作任务或学习材料本身缺乏趣味性，就应当提高工作或学习目的的认识，培养间接兴趣。有了兴趣才会有积极性、自觉性、主动性，才能使心理处于一种良好的竞技状态。反之，活动则无创造性可言，处处适应活动的要求，心理疲劳极易产生。

（3）使活动多样化

枯燥、单调、重复性的工作或学习，易使大脑皮层产生抑制，出现心理饱和。例如，大考前突击复习，达到一定程度以后，就会有一种饱和感，似乎大脑里已经装满了，再努力也装不进，也不想努力了，产生了一种厌烦疲倦情绪，这实际上就是心理疲劳。

要克服这种现象，就应当注意活动与休息相结合，注意活动的多样性，各种活动交错进行。这种变换刺激，可以保持皮层的兴奋，推迟或克服疲劳感，即使身体感到疲劳，但心理上仍可保持愉快的体验。

（4）注意建立良好的人际关系

人际关系似乎与心理疲劳无关，但实际上二者有密切的关系。现代社会生活中，单独从事某种活动的情况较少，多数是一种集体活动，尤其是从事一些艰巨的枯燥单调的工作。

比如长途旅行，人们总会邀几个伙伴，并不是因为有伙伴路途就会变短，而是人多可以提高旅行的兴致，防止心理疲劳。

再如复习功课，如果独自复习就常感到困倦，如有三五个好友在一起，就会觉得愉快、兴奋，不知疲倦。

另外，如果与你所不喜欢的人一起从事某种活动，你会感到没意思，有一种压抑感。所以，在集体活动中建立良好的人际关系，可以防止或减轻心理疲劳。

科学地选择各种刺激

人们真不明白，文静、好学、懂事的程英为何结束了她年仅18岁的生命。直到翻开了她厚厚的日记本，人们方了解了这一切：

程英特别爱读书，尤其是三毛的著作，她非常喜欢。

三毛的死对她触动很大，她佩服三毛，认为人的生命并不在于数量的多少，而在于质量的高低，一个人如果没什么作用，她活的年头再长，也是白活。因而，她好学、上进，极力追求生命的质量，是全校有名的三好学生。

然而，从半年前的暑假开始，她的生活发生了逆转。她父亲是一家公司的经理，经常到外地出差，消遣时常买一些地摊上的杂志来看。看过随手往家里一扔，便不管了。

程英一次闲着没事，顺手从沙发上抄起一本杂志翻阅。这一看不要紧，书中的描写使她心潮翻腾，脸红耳赤。幸好父母不在家，于是她锁好门，一个人躲在房里仔细研读起来。从此以后，她几乎为那些杂志迷住了，还偷带到学校里去看，有时看到班里长相英俊的男同学，心里产生一种说不出的冲动。

她知道自己的这种想法不对并极力控制，但就是控制不住。她非常恨自己，整天处于焦虑与痛苦之中，觉得自己没脸见人，活着也没有意义可言。痛苦中她选择了轻生。

现在青少年所面对的世界是一个复杂的、充满着诱惑的世界。这其中有一些是不利于青少年身心发展的，程英恰是接受了某些不良刺激的影响，如三毛的生命观，一些小报的宣传等，最终走向了轻生之路。因此，对青少年而言，如何避免不良刺激，有选择地接受那些适合自身发展的刺激是摆在他们面前的一道难题。虽然，我们难以改变这个迷乱纷杂的世界，但是我们可以按照合适于我们自己的方式来选择接受这个世界。

一个人在有选择地接受生理、心理活动所需的刺激时，应注意到以下几点：

要根据自己的健康状况

如一个长期失眠的病人，最需要的就是每天能多睡几小时。此时，最好是住院进行睡眠疗法治疗，服用催眠药，隔断外界的语言、声响、光线等的刺激，使病人能安然入睡。

对于健康无病的人就要使他们的精力和情绪有适度发泄的机会，如工作、文化体育活动、学习、社会活动等，使他们视、听、触、味、嗅等感觉器官得到锻炼，产生适应，引起人体生理与心理活动的良性循环，特别是语言、社会信息的刺激，只要你感到舒服、愉快，对健康就是有利的。

要根据自己在不同场所的最优激起水平

当我们独自待在屋里无所事事时，听收音机里嘈杂的摇摆舞音乐可使你趋向最优激起水平，产生高兴和欣喜的情绪。但如果你在解数学题，那么同样的广播节目就可能使你脱离最优激起状态，产生厌烦和思维紊乱。

如果你对许多事情感到厌烦，对世界感到寂寞，那么你最好去寻找新的朋友和新的生活乐趣，如跳交谊舞、打桌球、听相声、看喜剧。

增强自己的身体素质

要避免刺激引起长期应激状态和患病，就要提高自己的身体素质。健康的心理寓于健康的身体。同时，还要不断完善自己的性格。平时多注意营养、体育运动，生活有规律，多看书学习，丰富自己的知识和提高自己适应社会变化的能力。

要依赖自己的感觉

如食不过饱，饮不过量，都依靠自己敏锐的感觉和用理智控制行为的能力。这样，生理上才感到舒服，心理上才感到愉快。多接受环境上的无害刺激，如文明礼貌的语言、诚挚善意的微笑，使人产生欢乐和情绪的希望的情绪信息。

要规避有害刺激，如3小时以上的电视节目，应在眼睛感到疲劳、头痛、身体不舒服时，休息些时间再看或关机。遇到一些社会性需要（如升学、就业、评聘职称、调整工资等）得不到满足时，应该调低需要的标准，转移注意力。多关心他人，继续奋发进取而不要气馁。

要根据不同的年龄调整刺激输入

对于孩子来说，在婴幼儿期要随着岁月的增长减少睡眠时间，增加与父母、小朋友的接触时间，使其在游戏中接受更多的声、光、色彩、语言、图像、各种知识符号及有形物的无害刺激。

而在青年及中年时期，由于学习、工作繁忙，生活问题剧增，他们将会受到长时间的心理刺激，往往容易罹患疾病，如忧郁性狂躁症、精神分裂症、高血压、胃溃疡等心身疾病。此时就要减少或避免有害刺激，进医院治疗，去疗养、旅游、休假……

人们在生活中会遇到各种各样的刺激，这些刺激将伴随你的一生，没有刺激和对刺激的感觉与反应，就没有人的正常生活，就无健康可言。为了健康，让我们科学地去接受或躲避生活中的各种刺激吧！

开颜启齿，乐而忘忧

笑是心情愉快的表现

人在心情快乐时，可有多种表现形式，而其中最常见的表现形式就是笑。我国古代辞书上把笑说成是"欣也、喜也"，"喜而解颜启齿也"，说明笑和喜是在一起的。笑源于喜，喜于形笑。心情快乐的人不一定都会笑，但欢心大笑的人必定心情快乐。

笑不仅是心理健康愉快的表现，还是一种很重要的生理功能。笑对生理的影响仅仅从外表上就可以观察出来。

当人们欢笑的时候，眼睛闪闪发亮，显得格外明亮，可能是愉快情绪加速了血液循环，使眼球血液供应充沛。

如果哈哈大笑，笑者往往前俯后仰，手舞足蹈，笑声不绝，这时面部颜色由于血液循环的改变而显得红润，说明笑能增加循环系统和内分泌系统的功能。

笑对人身体的好处

如果把笑对于生理和心理上的好处归纳一下，至少有以下十条：

（1）笑能使肺扩张

笑能使肺扩张，增强肺的呼吸功能。人们大笑时，可表现为呼气短促，吸气则显著延长，使人们自然而然地做一些深呼吸运动，犹如做呼吸体操。

（2）笑能使肌肉放松

笑能消除精神和神经的紧张，使肌肉放松。紧张劳动之余，大家娱乐一番，笑上一阵，大脑皮层出现一个新的兴奋灶，可以调节脑神经的功能，使头脑清醒，消除疲劳。

（3）笑对心、肺、肠有按摩作用

笑能使胸、腹部的肌肉和脏器活动得到加强，对心、肺、肠、胃等器官有良好的内按摩作用。

（4）笑能加强血液循环

笑能加强血液循环，促进新陈代谢，加速氧气供应，促进毛细血管扩张。

（5）笑能改善神经系统

笑能调节内分泌系统的激素分泌，使大脑、内脏神经机能得改善。

（6）笑能清洗呼吸道

笑可以帮助我们把呼吸道的分泌物排出，清洗呼吸道。

（7）笑能抒发健康情绪

笑能抒发健康的情绪，使人们从已经感到快乐的事情中，引起更为快乐的情绪。

（8）笑能驱散烦恼

笑能调整人们的心理活动，帮助人们驱散愁闷的心情和各种各样的烦恼，减轻生活的紧张感和环境的束缚感，达到"乐而忘忧"的境界。

（9）笑能克服羞怯

笑有助于克服羞怯的情绪和困窘的感情，并有助于人们之间的交往和友谊。有的心理学家甚至认为"会不会笑是衡量一个人能否对周围环境适应的尺度"。

这种说法虽然不免有点夸张，但笑声能感染群众，团结同志，钝化矛盾，融洽人际关系，确是有一定道理的。

（10）笑能使人适应环境

犹如时间能使人们对往日的不幸变得淡漠，希望能美化未来一样，笑能帮助人们适应环境，乐观地对待现实。

第四章

敢于面对挫折

在通往成功的道路上，横亘着许多难以逾越的障碍，其中挫折、失败最让人难以接受。因此，挫折教育是青少年必修的一门课。

青春期的孩子都应该敢于直面挫折，从容应对不良情绪的侵袭，提升自己的情商。只有这样，才能跨越一切艰难险阻，成功地实现自己的人生理想。

挫折教育是一门必修课

当今的孩子大都是在万千宠爱中成长的，被家长过多过细的照顾保护，造成孩子依赖性强，自觉性和独立性差。从孩子发展的需要看：生活中，挫折无处不在，可以说挫折伴随着孩子成长的每一步。

有意识地让孩子受点苦和累、受点挫折，尝试一些生活的磨难，使孩子明白人人可能遇到困难和挫折，有利于孩子敢于面对困难，正视挫折，并提高克服困难的能力。这对于孩子的健康成长有着十分深远的意义。

对孩子进行挫折教育

挫折是一种客观事实；但是因为遭受挫折而引发了不同的感受则是每个人心理的主观体验。也就是说，同样都是遭受挫折，但是不同的人会有不同的感受，产生不同的情绪，采取不同的行动，造成不同的结果。

一般而言，易受挫折的孩子往往追求的目标不切实际，对追求目标过程中可能遇到的困难缺乏心理准备，缺乏应对困难的能力，夸大困难、缺乏自信等。

我们要做的就是给孩子一个能量，一个面对挫折、打击能够自己调适、奋起，不断积极地寻找幸福的内心的能量。否则，很少遭受挫折的孩子长大后会因不适应激烈竞争和复杂多变的社会而深感痛苦。

挫折教育不仅包括吃苦教育，还包括生存教育、心理教育，旨在提高孩子对挫折的心理承受力，其核心是培养孩子一种内在的自信和乐观。因此，可以说，挫折教育关乎孩子的终生幸福。

进行挫折教育的方法

有些父母误以为，如果对孩子进行挫折教育，孩子会因此而吃很多苦，其实不然。真正的挫折教育，是在正确的教育思想指导下，依据孩子身心发展和教育的需要，创造或者利用某种情境，提出某种难题，让孩子通过动脑动手，来解决矛盾，从而使他们逐步具备应对困难的承受力和对环境的适应力，从而培养出一种敢于迎难而上的坚强意志。

如果孩子没有经受挫折，便很难应对即将经历的挫折，很容易向挫折低头。那么应怎样对孩子进行挫折教育呢？

（1）引导孩子正确认识挫折

孩子生活中有不同的活动，当孩子面临困难时，我们应该让他直观地了解事物发展的过程，从反复体验中逐步认识到挫折的普遍性和客观性，从而真切地感受到要做任何事情都会遇到困难，成功的喜悦恰恰来自问题的解决。

只有让孩子在克服困难中感受挫折，认识挫折，才能培养出他们不怕挫折、敢于面对挫折的能力。

（2）提高孩子的挫折承受力

在孩子的生活、学习活动中，我们可以随机利用现实情景，或模拟日常生活中出现的难题，让孩子开动脑筋，根据已有的生活经验，经过自己的努力克服困难、完成任务。

孩子在经历了由不会到会，由别人帮助到自己干的过程后，心理上会得到一种满足，同时，也锻炼了他们的自理能力。成人还可以创设一些情境，如：把孩子喜爱的玩具藏起来让孩子寻找，让孩子到黑暗的地方取东西等。但是，在创设和利用困难情景的时候，要注意几个问题：

必须注意适度和适量。设置的情景要能引起孩子的挫折感，但不能太强，应该循序渐进，逐步增加难度；同时，孩子一次面临的难题不能太多，否则，过度的挫折会损伤孩子的自信心和积极性，使其产生严重的受挫感，从而失去探索的信心。

在孩子遇到困难而退缩时，要鼓励孩子，在孩子做出努力并取得成绩时，要及时肯定，让孩子体验成功，从而更有信心去面对新的困难。

对陷入严重挫折情景的孩子，要及时进行疏导，防止孩子因受挫折而产生失望、冷淡等不良心理反应，在必要时可帮助孩子一步步实现目标。

（3）增强孩子的抗挫折能力

在日常生活中，向孩子讲述一些名人在挫折中成长并获得成功的事例，让孩子以这些名人做榜样，从而不畏挫折。

在幼小孩子的眼中，父母的形象非常高大，无所不能，他们对待挫折的态度和行为会潜移默化地影响孩子的态度和行为，所以家长要以良好的行为树立榜样，增强孩子抗挫折能力。

（4）要改变孩子的受挫意识

孩子只有不断得到鼓励，才能在困难面前淡化和改变受挫意识，获得安全感和自信心。成人要多鼓励孩子做自己力所能及的事，一旦进步，要立即予以表扬，强化其行为，并随时表现出肯定和相信的神态。成人的鼓励和肯定既能使孩子的受挫意识得以改变，又能提高他们继续尝试的勇气和信心。

对孩子进行挫折教育是家长的重要课题。对此，家长一定要注意，不能对孩子提出过高要求，要根据孩子的年龄特点和兴趣进行培养，否则，孩子在压力面前会产生强烈的挫折感。

经常笼罩在这种挫折感中，会损害他们心理的健康发展。总之，在孩子发展的过程中，没有挫折不行，挫折过多、过大也不行，所以要正确引导，使孩子能正视并战胜挫折，健康发展。

鼓励孩子正确面对失败

人的一生不可能是一帆风顺的，会经过很多的失败。因此，我们家长应教育孩子正确地看待失败，树立正确的成败观。要让孩子懂得，失败不可怕，可怕的是被失败击倒，只有在失败面前鼓足勇气和信心才会成功。

同时，家长应允许孩子失败，并在失败中帮助孩子总结经验教训，鼓励孩子在失败中奋起。让孩子在失败中成长，在失败中进步，在失败中咀嚼人生。

鼓励孩子勇于接受失败

人生的道路并非一帆风顺，而是崎岖、充满波折和困难的，人的一生也许要经历无数次的失败。如何正确面对失败，这是每个人必须经历的事。

身为父母，要教育孩子不但要有勇气去接受失败，而且要把它作为走向成功的财富，这也是每一个生活强者的必经之路。父母应帮助小孩顺利度过失败的难关，从各方面锻炼孩子战胜困难的能力。

小强是个好强的孩子，上小学时，总是班里的第一名。但是，进入初中后，优秀的孩子越来越多。在一次期中考试时，小强的排名是班级第三，这让小强非常不好受，他无法接受这个事实。

小强的妈妈不理解儿子，反而说："以前都是第一的，这次考了个第三，你退步太大了！"这让小强一下子对自己失去了信心……

孩子面对的失败有考试没考好、落榜等。这时孩子会情绪低落，郁郁寡欢。在这种时候，父母应耐心询问孩子的情况，心平气静地听孩子诉说，对孩子的心情表示同情和理解，在稳定孩子情绪的基础上再提出合理化建议，帮助孩子走出情绪的低谷。

当孩子遭遇失败时，父母千万不要对孩子讲："看把事情都弄糟了，你怎么搞的？""你都忘了应该怎么做了，是猪脑子？""早知如此，不如当初不要你！""你根本就不是学习的料！"

如果孩子经常处于这些话语的反复"暗示"下，往往会接受这种错误判断，从而将这些错误判断作为自我评价的一个部分，长此下去，必定形成怯懦、自卑、害怕挑战的心理，认为自己什么都不行。

当孩子对自己的评价过低时，就会失去战胜困难的勇气和动力，如果遭到失败，有可能会一蹶不振，最终可能会一事无成。

父母应该鼓励孩子正确面对失败，帮助孩子具体分析失败的原因，并帮助孩子从失败中走出来，继续面对生活和学习中的各种困难。

帮助走出失败阴影方法

为了帮助孩子走出失败的阴影，度过失败的难关，家长应做好以下几方面工作：

（1）培养正确对待失败的态度

当孩子遭遇失败时，他们常会产生消极情绪，对周围的人和事物的态度易受情绪因素的影响，不能以正确态度对待失败，常常表现出逃避、退却、畏缩、依赖等消极行为。

此时应告诉孩子："别灰心丧气，只要你努力，一定能做好的。从失败中吸取教训，化悲痛为力量，多想想以后怎么做"。

孩子对家长的态度十分敏感，更希望得到家长的帮助。家长需要告诉孩子，家长关心并理解他，但是战胜困难却要依靠他自己。

（2）帮助孩子找出失败的原因

造成失败的原因是多种多样的，家长要结合具体情况，与孩子一道分析、寻找失败的原因，使孩子懂得方法不对头、努力不够、条件不足等都可引起失败。始终要注意保护孩子的自信心，使他不自卑，不失望，不放弃，继续努力。

（3）要多给予孩子肯定和鼓励

切忌对孩子消极、否定的评价。多给孩子积极肯定的评价，可对他说："你一直都在努力着，只要再加把劲，你一定会获得好成绩。"既肯定了他的失败，同时也给他提供了动力，指出了今后努力的方向。尽量鼓励孩子尝试着自个独立解决问题。

（4）注意锻炼战胜失败的毅力

学习是个积累经验的漫长过程，能力的提高需要一定的时间。

孩子需要时间去理解、观察、掌握知识，也要时间去练习、巩固知识和能力。家长跟教师要为孩子提供各种机会，给他们充足的时间，让他们从各方面锻炼战胜困难的能力和毅力，成为一个生活中的强者，走向成功。

孩子多与他人交往

心理学家认为，高情商者善于洞察并理解别人的心态，设身处地为别人着想，领悟对方的感受，平等客观地对待别人，他们善解人意，与人为善，成人之美。

这种人善于人际沟通与合作，人际关系和谐融洽，有着良好的人际关系网络，在复杂的人际环境中游刃有余，自然也就容易获得成功。

与他人交往的重要性

孩子正处在一个接受知识、了解认识社会、探索理解人生和事业的发展阶段，与同龄人之间的接触交往并建立友谊是一种正常的心理需要。

在这期间如果总是封闭自己、不爱与人交往、在同龄人之间的人缘不好，就会影响孩子的交往能力，使孩子无法适应复杂多变的社会。更有甚者，会让孩子形成孤僻、抑郁、偏执等心理障碍。所以鼓励孩子多与人交往具有重要的积极意义。

每个孩子都会期盼有一些在思想上、学习上以及生活中志同道合的朋友，能够经常从朋友那里获得鼓励、信任和支持。

在与周围的人相处时，朋友的肯定态度总是多于否定的态度，孩子们就会感到与他人有一种休戚相关、安危与共的情感，并愿意牺牲自己的利益去为他人谋利益，这是一种自我发展的需要。因此，父母在教育孩子的过程中对于与他人交往的问题要给予足够的重视并对其加强正确的引导。

与他人交往的方法

研究表明，一个人的成功，在德才一定的情况下，30%取决于机遇，70%取决于人际关系。

（1）养成一种乐观的性格

开朗乐观的孩子总是比较受欢迎的，因此要想养成善于与人交往的习惯，父母首先要让孩子摆脱自卑。自卑会使孩子感到孤独和压抑，在人际交往中缺少自信，从而产生退缩、逃避行为。父母要告诉孩子，要树立信心，让自己成为一个受人欢迎的人。

乐观首先要保持一个良好的心态，父母在平时教育孩子时要让其发现事物好的一面，凡事多往好的方面想，不要总想着不好的；教孩子笑脸迎人，出门之前打理好自己的仪容仪表，带着愉快的心情去学校。这些都有助于孩子自信地面对同学与同学交往。

父母要引导孩子多参与集体活动，让自己融入集体生活中去，在集体活动中做一些自己能做的事情，加强与同学的交往，增加同学对自己的好感和信任。

在集体活动中，应教育孩子多干事情，少指挥人。如果自己总是不做事，却喜欢指挥别人，那么同学就会对他产生反感，直至讨厌与他交往。

因此，父母还要教育孩子养成在集体活动中尊重他人，当他人遇到困难时，主动提供帮助，这样才能让自己的人际交往面更广。

（2）邀请带小伙伴来家玩

父母要支持并鼓励孩子带自己的伙伴回家，还要帮助孩子热心地招待他的小伙伴，提高孩子在朋友心目中的形象。父母的热心会让孩子的同学和朋友增加对孩子的好感，从而愿意与孩子保持良好的朋友关系。

父母也可以邀请邻居家的孩子到自己家来玩，让孩子在与他人的交往中增加信心，学习人际交往的方法。

北京有所学校做过一个叫"一日营"的活动，就是让五六个孩子到其中一个孩子家里去共同生活一天。

这个活动十分的受欢迎，不仅孩子们非常喜欢，家长们也非常乐意。孩子们对去同学家住都感到即新奇又兴奋，感觉同学家的东西什么都是新鲜的。

他们会与自己的伙伴共同学习、玩耍、买菜、做饭，还会抢着打扫卫生。在这个过程当中，孩子们的身心得到了愉悦和放松，与人交往的能力也得到了锻炼。

让孩子单独到朋友或邻居家去串门，也是一个锻炼孩子交际能力的机会。串门做客，牵涉到寒暄、问候、交谈和有关礼物等的问题。

孩子一个人去就成了主角，与对方的一切接触都得由自己来应酬，这无疑把孩子推到了前线，促使其考虑如何交际。

如果家里来了客人，不妨试着让孩子出面接待，特别是当客人或朋友与孩子年龄相仿时，家长千万不要包办代替。

（3）传授同学交往的技巧

随着时代的发展，现在的孩子非常讲究个性，要想与之保持良好的关系也需要一定的技巧。父母可以教给孩子一些交往的技巧，帮助孩子得到同学的友谊。这些交往技巧有：

教育孩子使用礼貌用语，如"谢谢""再见""对不起""没关系"等，不对别人说粗话、做不礼貌的动作。

教育孩子要主动和同学打招呼问好，帮助可以打开友谊大门。

教育孩子在与同学的交往中，宽容同学的缺点和过错，不为区区小事而斤斤计较。

教育孩子与人交往要注重给予，而不凡事注重回报。

教育孩子懂得不无故打断他人的讲话，要认真听他人说话，不心不在焉或只顾做自己的事情的道理。

教育孩子不在背后议论他人，也不打听别人的秘密和隐私。

教育孩子真心诚意待人，讲信用，不欺骗说谎。

教育孩子不用捉弄、嘲笑方式吸引别人注意，这样反而引起别人的反感。

教育孩子在与同学的交往中，善于发现别人的优点和长处，多赞美别人，不因为自己的某些特长而处处炫耀自己。

教育孩子与他人说话，尽量讲一些两人都感兴趣的话题，不独自一人说个不停而不考虑他人的感受。

这些交往技巧能够帮助孩子在与人交往中获得他人的好感。一个成功者，专业知识所起的作用是15%，而交际能力却占85%。人际关系的和谐，交往本领的高强，是未来社会判断成功者的重要标准。一个人生活在社会中，不与他人打交道是不可能的。

给坚强的意志淬火

坚强是一个人一生中必不可少的精神支柱。学会坚强，你会在这激烈竞争的世界中站得更稳。学会坚强，你才能从困难和挫折的废墟中解脱出来。学会坚强，在你痛苦绝望时才能给你增添生活的勇气和经验。

可目前有很多青少年朋友的心理很脆弱，经不起一点挫折和打击，承受能力偏差，没有坚强的意志，这是很可怕的一件事。

让孩子学会坚强在生活中是非常重要的，因为，苦难是人生的最大的财富，不幸和挫折可能会使人沉沦，也可能造就成一个人坚强的意志，并成就一个人辉煌的人生。

锻炼做事的坚强意志

苦难是人生的一位良师，那些患难困苦是磨炼人格的最高学校。就像古人说的："天将降大任于斯人也，必先苦其心志，劳其筋骨，饿其体肤，空乏其身"。

现代的青少年朋友都是生活在一个富有的年代，不知道什么是贫穷和艰难。对此父母应加强对孩子坚强意志的教育，因为只有意志坚强的孩子才会勇敢地与困难作斗争，从而打开成功之门。

家长应教育孩子使他们懂得，在成长的道路上，需要克服许多困难，抵制许多诱惑，放弃许多享受，做到这些都需要坚强意志的支持。因为，坚强的意志和一个人受到的磨难是分不开的。

孩子学会坚强的方法

只有经受住生活的考验和磨砺，才能拥有坚强的意志和顽强的毅力，才会在困难和挫折中表现得镇静自若、永不退缩。克服困难的过程就是意志活动的过程，因此，坚强的意志就是在不断克服困难的过程中锻炼出来的。让孩子学会坚强可从以下方面做起：

（1）做到持之以恒

让孩子学会坚强就先要让他们学会摆脱世俗的困扰。从小事做起、持之以恒，在一定的条件下，要正确取舍、认真做事，才能不负少年心。

（2）认真面对失败

爱迪生曾经说过："失败是我需要的，它和成功一样有贵重的价值。"对此，家长要教育孩子，在享受成功的同时也要品尝失败的滋味。

因为在人生道路上不可能是一帆风顺的，总会有许多的坎坷和困难。只有懂得认真地面对失败，才能具备坚强的意志力，才能克服前进道路上的种种困难。

（3）善于克制自己

培养孩子坚强的意志，还需要让孩子学会善于管理自己的情绪。让他们把自己日常行为做个有条不紊地计划，然后，根据计划来管理或约束自己的不良行为，从而达到培养坚强意志的目的。

（4）艰苦中锻炼人

著名的思想家卢梭曾说："如果人害怕痛苦，害怕疾病，害怕不测的事情，害怕生命的危险，那么，他就会什么也不能忍受的。"一个人的道德意志与品格是完全一致的，道德意志越强大品格的形成就越快。

因此，坚强的意志是与克服困难相联系的。艰难、困苦和不幸是生活中真正的磨刀石，它是力量、纪律和美德的最好源泉。

尊重是一种文明的体现

尊重是一种文明，一种修养，一种心灵的教育，也是培养和提高孩子情商的重要内容之一。

就目前来看，由于在生活中向孩子过多地渲染父母与孩子间的朋友关系，并在孩子面前随意抱怨幼儿园老师以及其他一些孩子的长辈，而这些言行其实是在向孩子发出信号："不尊重权威是可以的"，以至在孩子的心目中也就几乎没有了"尊重"这个条目。

要改变这种情况，父母该注意哪些方面呢？

培养孩子尊重他人的心理

有自尊的孩子都懂得尊重自己，懂得如何来维护自己的人格尊严。懂得尊重他人的孩子在说话时往往会顾及他人的感受。所以，父母在日常的生活中要做到尊重自己的孩子，进而培养孩子尊重他人的心理。

英国著名的教育家斯宾塞曾说过："野蛮产生野蛮，仁爱产生仁爱，这就是真理。你对待儿童没有同情，他们就变得没有同情；而以应有的友情对待他们，就是一个培养他们友情的手段。"这也就是说，只有以应有的尊重来对待孩子，孩子才会懂得尊重。

在德国的一个家庭里，母亲包莉如果想要让孩子帮助做什么事时总是对孩子说："请你帮我好吗？"她从来不会用一些生硬的句子，或强硬的命令语气来迫使孩子做事。

孩子做完了某件事，母亲总会说声"谢谢"。不管遇到什么事情，父母总会和孩子商量一下。

如父子俩一块看电视时，倘若父亲想换另一个频道，就会先对孩子说："马克，咱们换个频道看看好不好？"

在圣诞节那天，父亲给马克买了一个高尔夫球台作为礼物。有一次，父亲的朋友到家里来做客，他想和朋友一起玩一下，父亲就问孩子："马克，能不能把高尔夫球台借给我玩一下？"

这位父亲认为，既然已经是送给孩子的礼物，它就是孩子的物品。不管是谁，如果想要使用这个物品，必须得到孩子的同意。父母的这种教育方法，使孩子漫漫养成了彬彬有礼的习惯。

认识尊重自己也尊重他人

有些孩子从小就养成了以自我为中心的习惯，这并不能说孩子是自私的，而是幼小的孩子还不懂得该怎样去关注除了自己以外的其他人。

有一次，丰子恺先生请一位朋友到饭馆里吃饭。他将自己的几个10多岁的孩子都带了去。刚吃完饭，就有孩子坐不住了并向父亲提出了先回家的要求。丰子恺先生马上悄悄地制止了孩子。

后来回到家里，丰子恺先生对孩子们说："如果我们家请客，那你们也是主人。主人要比客人先走，那是对客人的不敬。"

孩子们听了父母的话，都为自己刚才的举动感到了惭愧。但是在以后的请客吃饭中，孩子们个个都争当好客的主人。

所以，父母要从日常生活中的一些小事来教育孩子尊重他人，如：教育孩子在学校主动向老师同学问好，遇到熟人要热情打招呼，请人帮助时要用礼貌用语等。

同时，可以多向孩子讲一些亲朋好友的性格、优点，鼓励孩子学习他人的优点。

此外，父母还要教育孩子谦虚谨慎，不骄傲自满，正确地对待他人的缺点和不足，不以自己的长处比他人的短处，让孩子明白"金无足赤，人无完人"的道理。

在我们的现实生活中，有些孩子不管是在说话上还是在做事，都不懂得去顾及他人的感受。

如给老师和同学取绰号、当同学同到困难时上前去围观起哄、见到他人陷入了困境自己却表现出幸灾乐祸、上课时同学回答错了还在私底下挖苦人家、没有征求同学的同意就拿走人家的东西、不认真听取别人的意见……

孩子们会这样做，有时只是因为好奇，想看热闹，有时只是想和对方开个玩笑，有时则是盲目地跟着别的孩子做。但是，不管出于哪种原因，如果一直这样下去，将会严重影响到孩子们之间的友谊，进而影响到健康成长。

对此，家长要引起高度的重视，父母如果发现孩子身上有这种情况，要先平静地问问孩子这么做的原因，然后有针对性地指出孩子这样做的坏处。

父母要让孩子设身处地体会到不受别人尊重时的感觉，要让孩子知道，有教养的孩子只会同情、帮助、尊重别人，不会嘲笑、挖苦、鄙视别人。要让孩子从小就学会如何尊重他人，并且养成尊重他人的习惯。

让孩子学会自我激励

每个人都希望被鼓励与认可，孩子更是这样。也许父母不经意的一句话就能让孩子信心百倍，但是对于孩子，更主要的是要让其学会自我激励，因为父母终究不会伴随自己一生，只有孩子学会了自我激，遇到事情才不会气馁，才会走得更长远！

认识自我激励的重要性

自我激励是孩子成长过程中不可缺少的环节。自我激励能提升孩子的自我形象，同时，这些好形象、好表现，又会成为他自我激励的理由。

如此形成一个良性循环后，就能从根本上推动孩子取得更大的进步。当然，教会孩子自我激励是一个长期、细致的过程，需要家长坚持不懈的努力。

小翔是个高中生，平时性格内向，沉默寡言，遇事总是闷在心里。但他最大的弱点还是对自己所遇到的挫折不能拿出足够的勇气来面对，更不会自我激励。

虽然他付出了艰苦的努力，但是期末考试成绩却很糟糕，他认为靠这样的成绩根本无法去面对父母殷切的目光。于是，他投河自尽了！

其实，在这个学期中，他已经有了不小的进步。然而，他没有看到自己的进步，也没有借此激励自己，而是把自己送上了绝路。

德国人力资源开发专家斯普林格在其所著的《激励的神话》一书中写道："强烈的自我激励是成功的先决条件。"

在1972年墨西哥奥运会马拉松比赛中，出现了一个非常感人的场面：

一位黑人选手在左膝盖受伤的情况下，凭着自己坚强的意志跑完了全程。

当他到达终点时，其他选手早已回去休息了。对他来说，跑不跑到终点，都已经没有名次了。但是，他还是坚持跑完了全程。

当他跑到终点时，一位记者问他："是什么力量让你坚持跑完全程的？"

他回答："我只是不断地告诫自己，一定要跑完！"

这位选手积极的自我激励精神赢得了全场最热烈的掌声。

自我激励是一种习惯内化的结果。父母必须让孩子学会自我激励。鼓励孩子自我激励，让孩子不只重视父母的赞扬或者物质上的奖励，更注重对自己努力的肯定，并能正确地面对物质上的诱惑。

当孩子取得好成绩或有所进步时，父母虽然可以不断地赏识和夸奖孩子，但最终还是要靠他自己的力量来自我激励，从而强化自己的行为。

孙云晓的女儿孙冉考大学前的第一次模拟考试考得很不理想，孙冉心里很不好受。考完试，孙冉就哭了，回到家后，脸上依然挂着泪水，神情黯然。

这时，孙云晓对女儿说："没事，你考得不错。现在这个成绩上大专够了，又不是不上线，没问题。现在离高考还有两个月，只要你努力，是有可能发生奇迹的。"

然后，孙云晓让孩子做了一件自我激励的事情。他从复旦大学的一本报考手册上看到这样几句话："相信自己！相信自己的选择！相信自己选择的成功的人生！"

孙云晓让女儿每天早晨起来，在阳台上把这几句话大声地喊三遍。第一天，女儿喊的声音非常小，只有她自己一个人听得见。孙云晓对她说："你这样是不行的。你这样就是不相信自己，要大声地喊，使劲地喊。"

后来，女儿真的放开嗓子喊了。结果，她发现自己的心态变得非常好，每天精神抖擞。这种自我激励一直坚持到高考。最后，孙冉高考成绩比第一次模拟考试的成绩提高了100分！

总之，家长的赏识、尊重、信任及指导，是鼓励孩子自我激励的重要所在，它有助于孩子增强自信心，并保持继续努力的积极态度。

帮助孩子学会自我激励方法

孩子的不断进步有很多原因，其中家庭教育起着极为重要的作用。父母对孩子的鼓励，可以帮助孩子开发智力，快速地成长。聪明的孩子在父母的鼓励下，会变得更加聪明，愚笨的孩子会在父母的鼓励下，变得不再愚笨。

（1）父母要经常性地激励孩子

激励孩子并不是单纯地靠物质奖励，更应该重视精神层面的激励。当孩子取得优异成绩时，父母的"孩子，你真棒，我们相信你会做得更好"，远比给孩子买多少礼物，给孩子多少钱更加让孩子受益。

李强患有先天性腿部残疾，走路一瘸一拐的，因为这个问题，伙伴们经常嘲笑他，他也一度对生活失去了信心。但是坚强的妈妈并没有因为这个原因对孩子有丝毫的失望，相反，她用尽很多办法想帮助孩子树立自信。

每天早上醒来，妈妈都会到李强的房间，对孩子说："孩子，新的一天开始了，要有新的收获哦。"

最初李强对自己很没信心，可是妈妈说这句话的次数多了，他就觉得自己如果不努力，就对不起妈妈的良苦用心，于是，每天他都对自己说加油，用好成绩去证明自己。

在妈妈的鼓励下，李强的成绩在班里总是名列前茅，再也没有同学对他投去鄙夷的目光了。

家长对孩子的鼓励，也许只是一句话，一个眼神，一个不经意的动作，这却可以唤起孩子良好的情感体验。孩子会将父母的鼓励转化为自己前进的动力，不断督促自己进步。

父母要学会悦纳自己的孩子，赏识孩子的每一点进步，这样孩子才会在父母的赏识中肯定自己的价值，发挥出自己的潜能，取得更加理想的成绩。

（2）引导孩子学会鼓励自己

父母要告诉孩子，求人不如求己，没有人有义务和责任一直给予你鼓励和支持，重要的是要学会自我激励，这样孩子在没有外人鼓励的前提下，也可以获得大的进步。

在拿破仑·希尔的《思考致富》一书里面，首次揭示出6个自我激励的"黄金"步骤：

一是你要在心里确定你希望拥有的财富数字——泛泛地说"我需要很多、很多的钱"是没有用的，你必须确定你要求的财富具体数额；

二是确确实实地决定，你将会付出什么努力与多少代价去换取你所需要的钱——世界上是没有不劳而获这回事的；

三是规定一个固定的日期，一定要在这日期之前把你要求的钱赚到手——没有时间表，你的船永远不会"泊岸"；

四是拟定一个实现你理想的可行性计划，并马上进行。你要习惯行动，不能够再耽于空想；

五是将以上4点清楚地记下——不可以单靠记忆，一定要白纸黑字；

六是不妨每天两次，大声朗诵你写下的计划的内容。一次在晚上就寝之前，另一次在早上起床之后，当你朗诵的时候，你必看到、感觉到和深信，你已经拥有这些钱！

爱迪生曾写信给拿破仑·希尔："我感谢您花了这么长的时间去完成'成功学'，这是一个很健全的哲学，追随您学习的人，将会获得很大的效益。"

这是一个经济学中的步骤，但是在家庭教育中也有重要的意义，家长可以将其作为参考，利用到对孩子的教育当中，让孩子读懂这个黄金步骤，在此基础上，制订自己的学习步骤，从而实现自己的理想。

（3）指导孩子确定自己目标

目标对于孩子的影响是巨大的，它会决定孩子的学习态度和学习劲头。善于自我激励的孩子，一定是有明确目标的孩子。只有在目标的引导下，孩子才会为之进行自我激励，朝着自己的目标不断前进。

查理·派迪小时候在一次赛车比赛中得了第二名，他非常兴奋地跑回家，把这个好消息告诉了妈妈。他对妈妈说他得到了第二名，总共有5个人参加了比赛。

妈妈看了他一眼，说道："这有什么值得骄傲的吗？在我看来，其实你输了，你输给了第一名。别人能跑第一名，为什么你就跑不了啊？你用不着跑在别人后面。"

这句话深深地印在了查理·派迪的脑海里，在接下来的

20年里，他称霸赛车界，成为运动史上赢得奖牌最多的赛车选手。

正是在自我激励下，查理·派迪才会不断地超越自己，取得卓越的成就。

孩子通常自己会设定一个目标，但由于年龄的限制，目标会存在不符合实际的情况。父母要根据孩子的情况，帮助孩子设定一个目标。即使孩子的目标很幼稚，也不要对其进行挖苦讽刺，而是鼓励孩子说出来，然后帮助孩子分析，引导孩子朝着目标前进。

由于孩子的自我约束能力很差，可能刚刚确定目标的时候斗志昂扬，没过三分钟，热情就不在了。家长在教孩子自我激励时，一定要让他有紧迫感。

不妨建议孩子每天大声朗读自己的目标计划，在朗读的过程中，无形加强了他对目标的认知。光有认知还是不行，还要让他知道世上没有不劳而获的事情，付出和回报是成正比的，有多少付出才会有多少回报。

如孩子想组装一个模型，你需要告诉他，成型之前的模型是什么样子的，经过什么样的努力，才能达到现在的样子。

最后，还要对孩子的目标给予适时的时间限制。如果没有时间限制，孩子会觉得这个目标太过遥远，从而自我放松。因此，孩子的每一个目标都要规定一个固定的时间，并要求孩子在规定的时间之前达到目标。有了时间约束，孩子的行动才会有紧迫感。

（4）要让孩子学会自我暗示

孩子如果学会了积极的自我暗示，就会调动全身心的各种潜能，朝着既定方向前进。当孩子在奋斗的过程中遇到困难和挫折的时候，父母要让孩子学会暗示："我可以做到。"当孩子参加长跑时，可以让孩子暗暗对自己说："坚持，胜利就在前面。"

积极暗示会增强孩子的自信心，孩子的心态也会随之平稳，也就更容易成功了。

王军还有两个月就要参加中考了，可在最近的模拟考试中，她的成绩很不理想，老师也说她升入重点高中的希望很渺茫。她回家后闷闷不乐，将自己的成绩和老师的话都告诉了妈妈。

妈妈尽管很担心，可是还是面带笑容地说："没事，你的成绩上普通高中是没问题的。再说现在离中考还有两个月，一切都是有可能的。"

妈妈让王军每天在心里对自己说："我能行，我相信自己。"王军将妈妈的话记下了。

慢慢地，妈妈发现王军有了新的变化，她脸上又出现了久违的笑容，她的学习成绩也不断地提高。

当孩子参加有挑战性的活动时，父母要让孩子学会在心里暗暗地鼓励自己：我可以战胜困难。在这样的积极暗示下，孩子会变得坚强和勇敢，也就能够克服任何困难了。

父母还要教给孩子如何自我暗示，比如要用积极的正面话语："我一定要成功！""我没问题的。"不要让孩子对自己产生怀疑，这样孩子才不会产生"我做不到"的潜意识。

父母一定不要让孩子忽略潜意识的作用。孩子学会积极、正确的暗示，就会自觉抵制那些消极的影响，最终达到目标和理想。

（5）要给孩子选择一个标杆

给孩子选择一个标杆，也就是给孩子找一个好榜样，孩子在生活中和学习上有了自己的榜样之后，会模仿他们的言行，朝着他们的榜样努力，在这个学习的过程中，孩子会不断地激励自己，给自己加油打气。

父母可以为孩子选择身边比较熟悉的人作为学习的榜样，也可以选择在孩子比较感兴趣的领域里有突出贡献的人作为他们的榜样。在为孩子选择榜样时，父母要注意说话的口气和态度，不要对孩子有任何的嘲讽和挖苦。

学会战胜挫折的方法

怀揣"优秀毕业生"证明的赵南从一家职业中专毕业了，开始了她寻找工作、走向社会的历程。前些天，赵南见到了一家公司的招聘启事，正和她的志向兴趣相符，于是她便兴冲冲地前去应聘并被录用了。

可没过几天老板便单独约她出去了两次。他希望与她做比一般朋友更进一步的朋友。他还说，像赵南这样一个年轻女孩在这个领域奋斗是很难的，只有和他联合，才能取得事业与生活的成功。

赵南拒绝了在感情问题上和老板进行等价交换，但她也不禁心中产生了疑惑，女性要干出一番事业真的很难吗？

辞了这家公司后，赵南又应聘了几家公司，有好几个都是由那个老板之类的人开的，她均拒绝了他们的要求。

只有一家文化印刷公司接纳了她，但她在工作上却接二连三地失败，拉不来客户，成了公司多余的人物，见到这种情景，她主动辞职了。

又经历了几次求职的失利，赵南有些心灰意冷了，毕业时要做一个女强人、女老板的雄心壮志难道就是一场梦吗？每个人都有自己的理想和抱负，但是，在现实的社会生活中，不可能事事如愿，谁都会遇到挫折。

挫折也可称为需要得不到满足时的紧张情绪状态。假若挫折过于强烈，或时间过久，超过个体的承受能力，会引起情绪紊乱，心理失去平衡导致疾病发生。

因此，在挫折面前，应当懂得运用心理疏导方法，以维持心理平衡，这是心理保健的重要措施。下面介绍几种心理保健常用的方法：

升华法

升华本身是一个化学名词，这里借用他是指个人的动机和需求不能被客观接受而不能实现时，便把它指向较高层次，使之符合社会和时代要求，称之为升华。比如恋爱失败后，把全部精力转到科学研究上，就是升华的表现。

补偿法

即当个人的理想受挫时，主动选择其他能成功的途径来弥补自己的失败，起到补偿作用的方法。如身有残疾，发奋读书与创作而获得成就，便是补偿的实例。

鼓励法

即在挫折或失败面前，不气馁，鼓起勇气，继续拼搏。

认同法

当个人无法获得成功与满足时，把自己比拟成成功的人和自己所崇拜的对象，借以得到愉快，缓解个人的痛苦和焦虑。

文饰法

又称合理法，即当个人动机冲突或失败、挫折时，为维护个人自尊，为自己进行辩解与开脱，以维护心理平衡。伊索寓言中狐狸摘不到葡萄便说葡萄是酸的，就是文饰的例子。

韬晦法

即在对手强大无法施展自己才能时，便假装无所作为的样子，待时机成熟东山再起。

幽默法

幽默是一种含蓄、双关、诙谐等形式的良性刺激。能化解挫折困境的尴尬局面。

克己利他法

即用净化自身言行，克制自己的欲望，在帮助他人的过程中体验自己的价值而获得满足的方法。

修正目标法

即在挫折面前转化修订原来的目标，排除心理困扰来保持身心健康。

难得糊涂法

即不钻"牛角尖"，用心理自慰来维持心理平衡的方法。

反向法

即用与自己动机方向相反的行为或做法，解除心理不平衡现象。如有人过分炫耀自己，目的是摆脱严重的自卑。

幻想法

在无力实现自己的理想和不能解决问题时，把自己置于想象境界，用幻想与憧憬满足自己的方法。

投影法

即把自己不喜欢的东西转移到外部或他人身上。

否认法

即对不愉快的事件加以否认，从根本上逃避刺激。这有些类似于"掩耳盗铃"。

迷信法

把自己的不幸统统归结为上帝或神的意志，从而达到内心疏泄。

自慰法

即用惩罚自己来换取心理平衡。有的人发怒时咬自己的手指头，或不愉快时酗酒皆属此法。这种方法属于消极的心理防御方法。

人生就要不生气

发怒也是有学问、有方法和艺术的。不怒自威，那是情商里的上乘；一喜一怒，喜怒收放自如，拿捏有度，喜怒运用得体，那也是情商里的上乘；喜怒无常，动不动就发怒，那是情商里的下乘。

经常发怒并不是好事，对学习不好，对工作不好，对生活不好，对人际关系不好，对自己的身体也不好。人常说"怒伤肝"，发怒还会引起高血压、胃溃疡、失眠等，是一种心理病毒。

富兰克林曾说："任何人生气都是有理由的，但很少有令人信服的理由。"一个人生气后，就容易发怒了。

美国生理学家爱尔·马认为：气愤是人类死亡的重要原因。人们经常说的"我都气死了""你这是要把我活活地给气死"，揭示的也许就是这个道理。

实验证明，人在盛怒时，呼出的气液化成水，是一种紫色的沉淀状。把这种"生气水"注射到老鼠身上，几分钟后，老鼠就会死亡。人生气10分钟，耗费掉的精力，不亚于参加一次3000米的赛跑。

生气愤怒，是一种典型的情绪化和感情用事的状态，发怒的人容易冲动，容易偏激，容易走极端，这样就会不计后果，语言和行为就会失控，容易对他人的身心造成伤害。

所以，失控的发怒是最容易得罪人的，是最容易伤害别人心灵的，也是最容易触怒其他人的。一个人因发怒而失控，会伤害自己，也会伤害别人。

有一首《不气歌》，语言朴实无华，却又能警醒世人：

世上到处都是气，无气万物无生机。

人活凭的就是气，无气活着啥意义。

浑身正气身体壮，邪气缠身伤身体。

你不生气气找你，气是自己争来的。

人生一生都是气，若是气人己先气。

惹人生气为不义，人要生气为中计。

生气百害无一利，气坏别人伤自己。

气出病来自己医，花钱受罪人讽讥。

气量狭小没出息，只让别人窃窃喜。

生气常常伤理智，办坏事情悔莫及。

争气损尽己力气，看你争气不争气。

世人都应晓利弊，欢欢喜喜消消气。

大度能忍天下气，不气别人不生气。

你尊我敬多谦虚，但愿大家都和气。

要是心情不愉快，真的生气了怎么办？使自己心情愉快的基本心理技巧就是自我安慰，找一个心理平衡点。要是真的生了气又发了怒，而且造成了不好的后果，就要真诚地表达歉意，说"对不起"，这是一种情商高的表现。

给我一棵忘忧草

在这个世界上，每个人都会受到世俗的干扰，此时也是我们选择一种生活态度的时候。有的人选择每时每刻都睁开双眼仔细地观察这个世界，一点尘埃和沙粒都不能入眼，这真的是一种聪明吗？

答案是否定的，其实这是一种自作聪明。人生真的不必太较真，该清醒时清醒，该糊涂时糊涂，把握好为人处世的度，增一分太满，减一分太少，这是一种高明的生活态度。这也是值得我们推崇的一种大智若愚的生活态度，它能让人的心灵时刻保持宁静和充盈。

"遗忘"并不一定就是坏事，生活中学会忘记对身体还有好处。

忘记仇恨。人如果在头脑中种下了仇恨的种子，就会老想着报仇，使生活不得安宁。忘记仇恨，心里就会平静得多，这对健康长寿是大有好处的。

忘记悲伤。悲伤的事时有发生，如果悲伤情绪维持过长时间，就会严重影响身心健康。若能及时调整情绪，使自己尽快从悲伤中解脱出来，无疑会有益于身体健康。

忘记气愤。生气或愤怒，可造成气血堵塞，血压升高，心跳过速，甚至因气愤而发生意外。所以，遇到气愤之事要想得开、忘得掉。

忘记忧愁。多愁善感多疾病，要忘记忧愁，让快乐占据人的思维空间，才是延年益寿之良策。

忘记后悔。使人后悔的事时常会有，若经常追悔莫及，就会陷入伤感之中，危害健康。

忘记名利。人生若把名利看得太重，冥思苦想，斤斤计较，甚至争名夺利，就永远也摆脱不了烦恼。只有淡泊名利，忘记名利，人才能活得轻松、潇洒。

忘记疾病。患病的人多数会被疾病困扰而不能自拔。若能理智地对待疾病，并用积极的态度去战胜它、忘记它，乐观地生活，疾病就易于治愈。

上天赐予我们那么多宝贵的东西，其中之一即是遗忘。只是我们经常强调记忆的好处，却忽视了遗忘的功能与必要性罢了。其实，有些东西我们应该记住，而有些东西我们却应该遗忘。遗忘在生活中是不可或缺的。

爱不能淡忘，情不可忘却，恩不能遗忘，义不能健忘。但对于心中壁垒、生活不快和龃龉之类最好选择忘却。如果总是耿耿于怀、患得患失，对一些个人小恩怨、小利益、小面子也心存"君子报仇，十年不晚"的疙瘩，从而产生感情上的"心理障碍"，那真是心累人也累。

只有"遗忘"才会有好心境，心胸开阔便会洒脱一些，精神愉愉悦悦，过得开开心心，生活质量高了，身体自然也好了。所以，在适当时糊涂一点儿，学会遗忘也没有什么不好。

"难得糊涂"，是清代著名书画家郑板桥的一句名言，此话听起来虽显中庸，但仔细琢磨却也很有道理。

郑板桥所说的"难得糊涂"，不是指对事物认识的模糊混乱，而是提倡人们在一些非原则问题上要宽以待人，不要过于计较纠缠，要学会"宰相肚里能撑船"；对不便回答的问题不妨佯装不懂，对危害性的攻击不妨也以理智的"糊涂"化险为夷，以聪明的"糊涂"平息可能发生的矛盾。这种"难得糊涂"能消除人们很多心理压力，是有益于身心的保健良方。

糊涂是一种聪明的表现，是处世的一种手段，但是过于滥用糊涂，就是一种精明过度的表现，结果往往就会适得其反。

糊涂是一种思想，是一种心得和修养。人往往会在最难得的糊涂的境界中找到自己的位置，看清事情的真相。

有时候，糊涂也是一种难得的自信，那是用自己的宽容心态和对生活的热爱，用一种含蓄而高雅的方式去回应和解决生活中的磨难。

然而，在现实生活中，很多人往往不能控制自己的情绪，想

"糊涂"却难"糊涂"，遇到不顺心的事，要么"耿耿于怀"，要么"以牙还牙"，更有甚者，因想不开而轻生厌世，这都是错误的做法。那么，人们怎样才能在该"糊涂"时恰到好处地"糊涂"呢？

首先，学会理智处世。遇事不发脾气，反复提醒自己：千万别发火，要以理智来控制感情。

其次，学会"苦中求乐"。善于从生活中寻求乐趣，多参加自己感兴趣的文体活动，把业余生活安排得丰富多彩、有滋有味。

再者，学会广交朋友。在人际交往中，要学会适应环境，多交朋友。当遇到烦心事时，不妨找好友谈谈心。要知道，知心朋友的好言相劝，有时会胜过苦口良药。

最后，学会应对逆境。在漫长的人生道路上，我们时常会遇到各种困难和挫折，我们要学会应对。要知道，山高自有行人路，水深哪无渡船人。要学会巧妙地应对各种复杂多变的情况，学会保持心理平衡。

现代社会是个五彩缤纷、日新月异的社会。人们有太多的信息要接受、太多的新知要学习、太多的事情要完成，如果终日奔跑争先，难免会筋疲力尽。

来点"难得糊涂"的超越，可以帮助人们缓解心理和社会压力，保持一种心理平衡，坐看云起花落，超然通达地面对人生。

在今天这种高速度、快节奏、竞争激烈的社会里，一个人如果不能有一点"难得糊涂"的超越，就很难感受到生活中的浪漫，无法体验轻松和愉快，更不会再有生命里的天真、诗意和情趣。

最后，让我们一起来阅读这首《我是一棵忘忧草》的诗歌，变得和忘忧草一样勇敢坚强吧！

我是一棵小小的忘忧草，经过长期的沉睡，终于在大地母亲的怀抱中苏醒过来。幼小的我只顾玩耍，却一直都受到母亲的呵护、姐姐的照顾和哥哥的疼爱。在这个大家庭里，我感受到了像火一般温暖明亮的亲情。

　　我是一棵忘忧草，我在一点点地长大。妈妈告诉我，我该去寻找自己的世界了，就这样，我走出了母亲的保护伞。曾经徘徊，曾经失意，但却多了无数友伴的帮助和扶持，这使我体会到了似水般清凉透彻的友情。

　　我是一棵忘忧草，我开出了淡黄色的花朵，与许多和我有着同样热情的同胞们互相帮助，携手共进。他们让我懂得了那如金子般熠熠生辉的社会中的爱。

　　我是一棵忘忧草，在阳光下散发着淡淡的清香。后来，一位叫作李时珍的医学家把我带回了家，经研制写下了"宽胸膈，安五脏，安寐解郁，清热养心"的理论。

　　此时，我明白了"忘忧草"这个名字的含义，这并不预示着我将无忧无虑，而是用尽全力去给别人带来快乐，让别人忘记忧愁。

　　忘忧草，一代一代，为他人带来快乐，带走忧伤，这到底是为了什么？风吹乱了思绪，雨打碎了记忆，"爱"的身影在风雨中如真理般坚贞不屈。

　　我是一棵不懂得爱惜自己的忘忧草。任狂风呼啸、暴雨袭击也不倒下，宁愿失去生命换来他人的美好。

青少年朋友，你还在为一点小事而斤斤计较吗？你还在为失去太阳而感到伤心吗？既然"忘忧草"都能用自己的爱带给人们快乐，那么，让我们也学着做一棵忘忧草吧！

生活有舍才有得

有哲人忠告：人一生只能做好一件事。我们只有一双手，每只手只有五个手指头。有时候我们两只手不能都伸出去，一只手的五个手指头不可能什么都抓住。

所以，我们应该去抓该抓的、值得抓的东西，这就是要切实做到"有所为有所不为"。

生活中，我们要学会放弃，有选择地放弃，坦然地放弃，这样才能做到"放下包袱，轻装上阵"。所谓"轻履者行远"，这是高超的智慧。人的精力是有限的，如果在太多的事情上都投入精力的话，可能在许多事情上都不能够深入，这样很难有所作为。

猎豹在平时极度放松，但在对猎物发动进攻时却是快如闪电。我们在生活中也要有这种智慧，休息时就彻底放松，学习时要全力以赴。

无知的人总是觉得自己懂得许多，总是觉得自己的事自己能解决，总是觉得这个无所谓、那个也无所谓，总是不好好珍惜已经拥有的。生活中真正的智者，知道什么对自己是重要的，懂得珍惜拥有的，懂得尊重他人，懂得何时为、何时不为。

人的欲望是无止境的，"逐利"是人的天性，因为美好的事物总是大家所追求的。但人不可能"鱼与熊掌兼得"，因此，要学会适时地放弃，放弃就是拥有。

把一张纸放在太阳下暴晒，它也不一定能点着，当用凸透镜将太阳光集中在纸上的一个点的时候，这张纸很容易就会被点着。

如果一个人兴趣过于广泛，从事的领域过宽，也同样不可能把事情做好。"扫地的时候扫地，吃饭的时候吃饭，睡觉的时候睡觉。"一个禅师是这样说的。

每个人的精力是有限的，有所不为才能有所为，只有把有限的精力集中到一点上，才能干出一番事业。

一个人想要把所有的事情都做好，什么都比别人强，这是不可能的。问题的关键是，我们自己认为最重要的东西一定要坚持，其他的方面则应该学会虚心听取别人的建议，或者获得别人的帮助。

人的一生，需要一些差异化的战略，不搞与别人雷同的东西，但是自己认定的东西，一定要坚持，这就是个定位问题。因为一个人只有了解自己的长处，才能更好地集中时间、精力有所突破。

在军事上，也讲究"伤其十指，不如断其一指"，集中重兵，突破一点，这比在各个方面打消耗战要高明得多。

借用兵法中的思想，叫"正兵为合，奇兵为胜"。就是说，大部分方面，和别人比不要太差，不要有重大缺陷，这只是保证自己不会失败，不会自己打败自己；但是在某一两个方面，自己最优秀、最专业的方面，一定要做到最好，这样人生才能取得突破，才有成功的可能。

有所不为才能有所作为，去除那些对你是负担的东西，停止做那些你已觉得无味的事情，只有放弃这些才能全力以赴。把得与失看轻时，人生便有了色彩，这是快乐人生的必由之路，如何去除患得患失之心，也是人生自我修养的一个重要内容。

舍得舍得，有舍才有得，只有放弃才能专注，才能全力以赴。有目的地放弃已拥有的，并且平静地面对失去，是成功必备的心态之一。佛家有一个故事很经典：

梵志双手持花献佛，佛说："放下。"

梵志放下左手之花，佛说："放下。"

梵志放下右手之花，佛还是说："放下。"

梵志说："我手中之花皆已放下，还有什么可放的呢？"

佛说："放下你所有的想念，一直舍去，舍至无可舍之处，是汝放生命处！"

梵志顿悟。

我们都是凡人，行走于社会中，生活在现实里，不可能"一直舍去，舍至无可之处"，但是，我们可以学会选择，学会放弃。学会了放弃，就离成功不远了。

如果对选择不在意，那么时时处处都是放弃；如果执着于选择，那么无异于放弃了选择；如果着眼于选择的目的，有选择，有放弃，那么选择的结果往往是较好的。

有所不为，才能有所为，如果想事事有所为，就会落得个样样通、样样松，贪多嚼不烂的下场，在这个讲究效率的年代，这比事事无所为好不到哪儿去。任何人都只有先放弃一些事，做好另一些事，做强，做强，再做强，才能够逐渐做大。

"有所为，有所不为"两者是辩证统一的关系。"有所为"是目的，"有所不为"是达到目的的手段和方法。要想"有所为"就必须"有所不为"；"有所不为"是为了更好地"有所为"。

"有所为，有所不为"是一种能力，更是一种境界、一种智慧。与"舍得"有异曲同工之妙。舍得舍得，有舍有得，不舍不得；小舍小得，大舍大得。

帮助别人会更快乐

人们常说："锦上添花易，雪中送炭难。"确实如此，当我们的人生不断遭遇挫折和失败的时候，究竟是谁能帮我们渡过难关呢？是朋友，这种朋友是我们人生道路上必不可少的伙伴。

人的一生不可能一帆风顺，难免会碰到失利受挫或面临困境的情况，这时候最需要的就是别人的帮助，如果我们能在这时帮助他人，那么，那个人一定会记忆一生，而我们自己也会因为帮助了他人而快乐很久。

那么，怎样做才算是真正的雪中送炭呢？

对别人的帮助要落在实处，不要停留在口头上。世上有两种帮助，一种是随便帮帮，一种是一帮到底。前一种帮助也是帮助，也能够给人带来好处，但它不算真正的帮助，因为这种随便的帮助总是在关键的时候就不管用了。

后一种帮助才是真正的帮助，是帮他人彻底解决实际困难的帮助。我们常用"两肋插刀"来形容朋友之间很深的情谊，当朋友有难时，我们能够倾尽所能地去帮助他，这才是真正的帮助。

比如，有的同学在课后不认真完成作业，他想借你的作业抄，你借还是不借呢？如果你借了，是不是雪中送炭呢？

答案当然是否定的。因为你借给他抄作业，他完全没有掌握到应该掌握的知识，等到考试的时候，一样会露馅。如果你真想帮助他，就要帮他讲解他不明白的知识，督促他和你一起做作业，两个人在学习上共同进步。

帮助他人还要坚持不懈，不要一时兴起就这也帮、那也帮，不高兴的时候就谁都不帮。

此外，帮助他人，不能居功自傲。在人际交往中，当我们帮助了他人时，不必沾沾自喜、自鸣得意，更不能摆出一副救世主的面孔，因为我们的帮助应该是无私的、诚恳的，不存在半点恩赐的感觉。

一个人如果老记得自己有恩于他人，居功自傲，就会因为其骄横的态度而招致别人的不满，使得人们不愿接受他的帮助，这样的人也不会有好人缘。

古人云："将欲取之，必先予之。"这句话道出了人生的真谛。你要想成"功"，就要先用"功"；你要想摘取树上的果实，就必须先要给树浇水、施肥；你若想在学习上取得成绩，就必须先要付出心血和汗水；你要想得到别人的帮助，就必须先要去帮助别人；你要想得到别人的爱，就必须先要爱别人。

要知道，人与人之间的交往是一种平等互惠的关系，也就是说，你对别人怎么样，别人就会怎样对你。你帮助我，我就会帮助你，正所谓"投之以桃，报之以李"。一个人只有大方且热情地帮助和关心别人，别人才会给他以帮助。

我们应该时时伸出热情的手，时时帮助和关心别人，因为我们的帮助，不仅能助人一臂之力，而且能给对方带来力量和信心，使他们有更大的勇气去战胜困难。

特别是当一个人遇到挫折、处于逆境之中时，如果我们能热情相助，那将犹如雪中送炭，"危难中见真情"，很多人在受到别人真诚的帮助后，总能以更真诚的感激报答别人。